JLA
図書館実践シリーズ……………… 4

公共図書館
サービス・
運動の歴史1

そのルーツから戦後にかけて

小川徹・奥泉和久・小黒浩司 著

日本図書館協会

A History of Public Library Service and Movement

公共図書館サービス・運動の歴史 1 : そのルーツから戦後にかけて / 小川徹[ほか]著. － 東京 : 日本図書館協会, 2006. － 266p ; 19cm. － (JLA図書館実践シリーズ ; 4). － 共著:奥泉和久, 小黒浩司. － ISBN4-8204-0619-1

t1. コウキョウ　トショカン　サービス　ウンドウ　ノ　レキシ　a1. オガワ, トオル　a2. オクイズミ, カズヒサ　a3. オグロ, コウジ
s1. 図書館(公共)-歴史　① 016.21

まえがき

　人々が図書館を訪れる目的は，サービスを受けるためです。これは当然のことのようですが，このことを誰もが同じように考えるようになったのは，近年になってからのことです。図書館で仕事をしている者がこのことを考えていなかった，ということではありませんが，長い図書館の歴史を顧みたとき，多くの人が図書館の目的は利用者へのサービスにある，と理解するようになるまでには相当の時間と労力を要したとは言えるようです。

　ここで多くの人，という言い方をしましたが，このなかには図書館においてサービスを受ける人も入ります。言うまでもなく権利としてです。ところが，町村における図書館の設置率をみる限り，まだまだ当然受けられるはずのサービスを受けられない人が少なくないという現実があります。

　地域のなかに図書館があって，いつでもそこに立ち寄って，自分の空間を確かめられるような豊かさを，人々は望んでいます。図書館がこうした願いに，この先どのように応えようとしているのか，明確な方針が示される必要があります。それを利用者に示すことは図書館員の大切な仕事です。そのためには図書館が，これまでどのようにして人々の求めに応えてきたのかを知ることが重要です。

　本書は，図書館におけるサービスのあり方について，歴史を通して学んでみようという目的をもって，実際に行われたサービスや，サービスをさかんにするための運動の変遷を記したものです。図書館の先行きが見えにくく，未来の展望を描きにくい時期だからこそ，

過去の問題を過ぎ去ったこととせず,現代に引きつけて考えてみることも必要なのではないでしょうか。少しの時間立ち止まって,歴史という鏡に現在を映し出してみる。そのようにしてさまざまな図書館サービスなどの理念が形成され,実践された過程を分析し,現在のサービスに生かすことです。

さて,そこで,近代以前においては「図書館」という概念さえも規定することは困難ですので,人々が知識や情報をどのようにとらえ,伝え合ってきたのかを考えてみました。普段,私たちは,近代以前の図書館の歴史にふれる機会が決して多いとはいえません。近代以前にも豊かな文化がこの国にはあり,人々が読書などを通じて情報のやりとりをし,それらを蓄えていたことなどを想起してみることは,文化について考えるうえでも大切なことではないかと思われます。

近代以降は,それぞれの時代における図書館サービスなどの課題について,ここでは通史という方法ではなく,各論によって全体を構成してみました。その理由は,現代の図書館のあり方を,先人の仕事を通して読み解こうとするとき,諸々のできごとを時系列に,網羅的に学ぶことよりも,ある特定の時代の史実についてその背景をとらえながら,縦横に考えをめぐらせることこそが重要ではないかと考えたからです。各論という形式をとったため,基本的な事柄が欠落したり,前後の章の間に重複した記述が散見されます。最小限の調整をしましたが,十分ではないことをお断りしておきます。

本書は,歴史に接する機会の少ない現場の図書館員や図書館員を志す若い人たちに読んでいただけるように心がけたつもりです。また,学習・研究のためのガイドと,年表を掲載し,その時代が概観できるようにしました。

奥泉　和久

目 次

まえがき　3

本書について　18

1　本書の構成／2　時代区分について／3　図書館史を考えるために／
4　記述について

Ⅰ部　図書館のルーツを探る
前近代社会の図書館　23

●1章●　古代・中世社会の人々と書物　24

1.1　文字使用の夜明け　25
　　掘り出された文字／「刻木結縄」の習い／紙の渡来

1.2　知識・情報交換の場としての村の社や寺　27

1.3　文字社会としての寺院　29
　(1)　造東大寺司写経所
　(2)　各地の寺院,その蔵書
　(3)　中世の寺のもう一つの役割

1.4　文字社会としての古代貴族社会　33
　(1)　最初の図書館
　(2)　読書人社会,そして芸亭のこと
　(3)　宮廷での情報のやりとり,「日記の家」・山科言継のこと

1.5　読書する姿,本を売る店　40

目次

●2章● 近世社会と地域の図書館 ……43

- 2.1 文字社会の広がり　43
- 2.2 知識・情報の収集・共有の姿　44
- 2.3 「蔵書の家」の役割　46
  蔵書の貸し借り／医書の家／流布する本のこと
- 2.4 文庫の形成　50
  伊勢神宮の文庫／豊橋・羽田八幡宮文庫／筑前・櫛田文庫／桜井文庫／盛岡・稲荷文庫／寺社文庫の役割／蓼園社の文庫／水戸・紺屋町文庫
- 2.5 郷学の文庫　56
- 2.6 貸本屋と庶民の読書する姿　57
- 2.7 大名, 藩校の文庫など　59
  - (1) 貴重な古典籍の保存と伝来
  - (2) 藩校文庫
    文庫係の名称／書庫と蔵書

II部　公共図書館の始まり
近代社会と図書館の歴史 …… 67

●3章● 近代への歩み ……68

- 3.1 地域に生まれた図書館　69
  - (1) 農村の図書館

(2)　都市の図書館
- 3.2　近代の図書館に求められるサービスをめざす工夫　　75
  - (1)　最初の図書館の姿
  - (2)　開館日と開館時間
  - (3)　閲覧する姿
  - (4)　専門職名として司書の誕生など
  - (5)　レファレンスサービスのこと
  - (6)　書架・書庫のこと
    書函から書架へ／書庫のこと
- 3.3　図書館サービスを支えるツールの歴史　　88

●4章●　通俗図書館の成立と展開　　92

- 4.1　通俗図書館の成立　　92
  - (1)　図書館の近代化
    西欧図書館思想の移入／通俗図書館と図書館の近代化
  - (2)　公立書籍館の衰退　通俗図書館論の原型
    公立書籍館の普及／教育令の改正／文部省示諭の意図
  - (3)　通俗図書館の創設
    大日本教育会附属書籍館の開館／通俗図書館観の形成／『図書館管理法』の刊行
- 4.2　相克する通俗図書館論　　104
  - (1)　通俗図書館の普及
    教育会を中心とした図書館設立運動／図書館設立キャンペーン／図書館令公布

目 次

- (2) 地方改良運動のなかの図書館
  地方改良運動の影響／井上友一の図書館論／図書館統制の強化
- (3) 図書館運動の機運の高まり
  『図書館管理法』の改訂／図書館運動の契機／『図書館小識』の刊行／図書館運動の提起

4.3 佐野友三郎の通俗図書館論　118
- (1) 佐野の理念と山口県下の図書館
  図書館人,佐野友三郎の足跡／図書館の近代化をめざして
- (2) 公共図書館の任務
  「通俗図書館の経営」／『米国図書館事情』
- (3) 公共図書館への道のり
  児童サービスの開始／小学校付設図書館の課題をとおして／『師範学校教程図書館管理要項』の刊行とその反響／図書館員養成の急展開／公共図書館の課題

●5章● 公共図書館の出現 …………………………… 134

5.1 都市における図書館の形成　134
- (1) 大橋図書館の創設まで
  都市の読書空間／公共図書館の誕生
- (2) 大橋図書館の時代
  押し寄せる利用者／都市の整備と図書館
- (3) 東京市立図書館の時代
  東京市立図書館の開館／夜間開館の実施と電力需要
- (4) 東京市立図書館の機構改革
  都市における図書館利用／機構改革の実施／無料化,貸出／開架の促進／相互利用

5.2 新たなサービスの展開　151

(1) 「公共図書館は公衆の大学なり」
市民生活と図書館／図書館報の発行／『市立図書館と其事業』の創刊／利用者への接近

(2) 地域における図書館の機能と役割
久保七郎と京橋図書館の改革／関東大震災の前と後／竹内善作と地域の図書館／サービスの確立

(3) 児童サービスの推進
日比谷図書館におけるサービス／地域の児童へのサービス

(4) レファレンスサービスの意義
サービスの定着へ向けて／震災以降

(5) 東京市立図書館網の解体

5.3 青年たちの図書館づくり　171

(1) 青年会図書館
広がる青年の読書運動／自主運営のルーツ

(2) 青年団の自主化と図書館運営
下伊那における郡立図書館構想／上郷青年会／千代青年会

(3) 青年会図書館の「村立化」をめぐって
「村立化」のねらい／鼎村青年会,「村立化」への抵抗／自らつくり,育てる図書館

●6章● 改正図書館令:「附帯施設」をめぐって ……… 182

6.1 図書館令の改正　182
6.2 「附帯施設論争」　183
(1) 中田邦造の批判

目次

(2) 松尾友雄の反論
(3) 中田邦造の再論
(4) 松尾友雄の再論

6.3 「附帯施設」をめぐる図書館界の動揺　187
6.4 「附帯施設」の実例　189
6.5 長野県浦里村の浦里図書館の場合　189
(1) 浦里村の危機とその打開への道をめぐって
(2) 浦里図書館をめぐって
(3) 経済更生運動のなかでの図書館の位置づけ

6.6 改正図書館令がねらったもの　196

●7章● 図書館と図書館人の戦前・戦中・戦後 ……… 199

7.1 強まる図書館統制　200
(1) 帝国図書館長の交替
　田中稲城の退任／松本喜一の登場／東方図書館の炎上
(2) 図書館令の改正
　中央図書館制度／長野県における図書館統制／「二・四事件」／「発禁限界線論」
(3) 優良図書館と読書運動
　「図書館事業奨励規定」の制定／千代図書館の「光栄」／青年会図書館の末路／乙部泉三郎の読書論

7.2 戦時下の図書館　211
(1) 図書館の戦時活動
　満鉄図書館の戦時活動／衛藤利夫の思想と行動

- (2) 総動員体制下の読書運動
  中田邦造と衛藤利夫／「小諸会談」／国民読書運動へ

7.3 戦後図書館改革の実相　218
- (1) 草の根の図書館復興
  戦後の図書館改革／上郷図書館の再生／「図書館解放運動」／館長の選任をめぐって
- (2) 図書館人の戦後認識
  乙部泉三郎の歴史認識／教育委員選挙への出馬／県立長野図書館長退任
- (3) 日本図書館協会の再建
  衛藤利夫の歴史認識／日本図書館協会の戦後体制／配給部長・越村捨次郎について／「図書幹旋配給事業」

7.4 戦後の幕引きをつとめた図書館人　230
- (1) 松本喜一の退場
- (2) 図書館人の出処進退
  堺市立図書館長・田島清／廿日出逸暁の場合／「ひかり号」の影／図書館法改正運動と廿日出／「春秋会事件」余聞
- (3) 戦後の終わりに：叶沢清介
  乙部の後任として／PTA母親文庫／有山の後任として／日本図書館協会会館建設問題

学習・研究ガイド1　243
あとがき　247
年表　249
事項索引　263

目 次

＊(以下，シリーズ5に収録)＊＊＊＊＊＊＊＊＊＊＊＊＊＊＊＊

Ⅲ部　図書館の発展と住民の力
現代社会における図書館の歴史 ………………………… 23

● 8章 ●　**敗戦から図書館の再生へ** ………………………… 24

8.1　戦時下の図書館　24
- (1) 思想統制と図書館
  検閲論争を経て／抵抗する図書館人／思想統制の強化とさまざまな抵抗のかたち
- (2) 戦火のなかの図書館
  サービスの停止状態へ／資料を守る

8.2　復興する社会と読書活動　35
- (1) 民主化と読書活動
  人々の文化欲求／読書への渇望
- (2) 読書活動と図書館
  読書指導，再び／読書会運営の再検討

8.3　図書館法の理念をどう生かすか　41
- (1) 図書館法の制定
  教育関係法規の整備／図書館法の特徴
- (2) 戦後再出発のための図書館の課題
  ワークショップの開催／図書館の再生と図書館員の課題
- (3) 図書館法改正反対問題
  図書館法改正運動／図書館法改正反対運動／「消え去った虹」

●9章● 図書館運動の転機 ……………………………………………… 53

9.1 1950年代の課題とその克服に向けて　53
- (1) 開かれた図書館をめざして
  進まぬ開架式閲覧／管理主義の克服へ向けて
- (2) 町村合併と市町村立図書館の動向
  市町村の再編／町村立図書館への影響
- (3) 館外活動の見直し
  読書運動と図書館／自動車図書館の運行／1950年代のトップランナー，高知市民図書館
- (4) 分類法の標準化

9.2 中小図書館の時代　その幕開け　65
- (1) サービスの転換をめざして
  利用を伸ばすための運動／公共図書館のサービスエリア／中小図書館におけるレファレンスサービス／レファレンスサービス普及の条件
- (2) 大田区立図書館　そのサービスシステムの形成
  開架式閲覧の採用など／調査要求への対応／貸出とレファレンスサービスと／相互協力システムの構築

9.3 『中小都市における公共図書館の運営』の成立と展開　77
- (1) 『中小都市における公共図書館の運営』と図書館運動
  図書館運動の転換／図書館の理念とその実現化／普及に向けて／中小図書館の課題
- (2) 『中小都市における公共図書館の運営』の検証
  有山の図書館論／『市立図書館　その機能とあり方』／日野市立図書館のスタート／大牟田市立図書館による「検証」／さまざまな実践
- (3) 地域と住民と
  市民の権利と図書館／地域のなかに図書館を／図書館運動の理念形成

目 次

9.4　付論　図書館計画の夜明け　92
- (1)　八戸市立図書館での試み（1960年）
- (2)　東京・多摩地域の図書館
- (3)　図書館に魅せられた設計者たち

●10章●　「市民の図書館」の時代 …………………………………… 99

10.1　「市民の図書館」の実現　99
- (1)　公共図書館振興プロジェクト
  プロジェクトの開始／『市立図書館の運営』の成立／市立図書館のサービス基準／『市民の図書館』の刊行／ブラウン方式採用の意義／市民を読者に
- (2)　「市民の図書館」をめざして　常滑市立図書館の試み
  プロジェクト報告を運営の指針に／サービス目標の設定／サービスの展開／レファレンスサービスへの取り組み
- (3)　「望ましい基準」とは
  1967年の基準案／「望ましい基準」案（1972年）／「望ましい基準」案（1973年）／「望ましい基準」案の活用，その後

10.2　図書館の理念形成　118
- (1)　「図書館の自由に関する宣言」の成立と改訂
  「図書館の自由に関する宣言」の成立とその後／1979年改訂の過程／改訂の理由／プライバシー保護条項／「自由宣言」を活かす，そして現代の課題
- (2)　「図書館員の倫理綱領」と図書館員の専門性
  図書館員の問題調査研究委員会による検討／誰のための「倫理綱領」か／議論の行方／「倫理綱領」の課題
- (3)　東京の司書職制度の確立へ向けた運動
  東京都公立図書館長協議会の要望書／要請書（1967年）／1970年代の動向／積み残された問題／住民による問題提起／専門性，その対立する主張

10.3 図書館の振興と地域の図書館　142
(1) 都道府県立図書館の課題
『東京の公共図書館総合計画』／『東京都公共図書館の現状と問題点1963』／『東京都立図書館の整備充実計画』
(2) 図書館振興策の策定
『図書館政策の課題と対策』／図書館振興策，変質への対応
(3) 図書館振興策の中断とその対応
住民，動く／東京都市町村立図書館長協議会の対応／図書館振興策の成果
(4) 滋賀県の図書館振興策
県立図書館の果たす役割／市町村立図書館の整備とその補助要件
(5) 21世紀の「市民の図書館」
図書館運営の指針とサービス目標の確立／中小図書館を支える力／図書館，その成長する有機体

●11章● **東京・多摩地域にみる「文庫」と図書館づくり運動**　164
11.1 「文庫」誕生の環境　164
11.2 地域・家庭文庫の誕生　166
石井桃子の試み／地域・家庭文庫が生まれる／文庫活動を支援する人々／日本親子読書センターの誕生／日本子どもの本研究会の誕生／交流・学習の場が生まれる
11.3 東京・多摩地域での経験　171
(1) 町田市の場合
(2) 三鷹市の場合
(3) 東村山市の場合：くめがわ電車図書館の人々と市立図書館
くめがわ電車図書館の誕生／市立図書館誕生へ／専門委員会制度のこと／図書館の運営原則と住民／反響のいくつか

目次

(4) 保谷市の場合
(5) 小平市の場合
(6) 文庫活動と図書館活動
11.4 運動の担い手について　189

●12章● **近年の図書館におけるさまざまな課題** ……………………………192
12.1 日常生活のなかの図書館　193
(1) 図書館員の努力　1970年代の多摩地域を中心に
図書館員の自己研鑽／専門性の蓄積の曲がり角
(2) 住民のための図書館づくり
(3) 青少年のための図書館
(4) サービスを支えるシステムづくり
12.2 利用者は広がる　200
(1) 障害者サービスの転換点
(2) サービスの障害を越えて
(3) 多文化社会図書館サービス
12.3 揺らぐ図書館の基盤　208
(1) 地方分権・規制緩和の動きと図書館への影響
1980年代の国の動向／1990年代の動向
(2) 生涯学習審議会の答申（1998年）
(3) 1980～90年代，進む委託
京都市図書館の委託／広がる委託／「公立図書館の任務と目標」
（最終報告）の後に
(4) 図書館法改正以降の委託
(5) 指定管理者制度をめぐって
文部科学省などの見解の変化／制度のとらえ方，各地の図書館
では／制度の課題と取り組みの重要性／誰のための図書館か

●13章● 歴史からのまなざし　住民と図書館というテーマをめぐって 231

13.1　広場としての図書館　　232
 (1)　広場の思想
 (2)　図書館という広場
13.2　人と本が出会う場として　　236
 (1)　読書の場として
 (2)　調べもののための場として
13.3　人と人が出会う場として　　238
 (1)　人と人との出会いの場
 (2)　一つの試み
13.4　図書館への参加：選書をめぐって　　241
 (1)　「望ましい基準（案）」(1972年) をみる
 (2)　書き手にとって図書館とは
　　　書き手には表現の場として／船橋市西図書館で起きた問題をめぐって／複本をめぐる議論／複本の考えの源流は？
 (3)　住民にとって表現の場としての図書館とは
　　　選書への住民の参加
13.5　住民のものとしての図書館　　249

本書について

1 本書の構成

　本書は，わが国の図書館の成り立ちやサービスの変遷を概観できるよう，近代以前に遡って説き起こし，現代にいたるまでを記したものです。

　分量の関係で 2 分冊になっていますが，はじめから終章まで通読していただけるように構成しました。また，各章は，それぞれの時代に関心のある読者のために，どの時代からも読むことができるよう独立したかたちで配置しました。時代と章の構成は次のとおりです。

　　Ⅰ　図書館のルーツを探る　前近代社会の図書館：1〜2 章

　　Ⅱ　公共図書館の始まり　近代社会と図書館の歴史：3〜7 章（以上，第 1 分冊）

　　Ⅲ　図書館の発展と住民の力　現代社会における図書館の歴史：8〜13 章（以上，第 2 分冊）

　これから新たに図書館史を学習したり，研究しようとする読者のために，巻末に「学習・研究の手引き」を記しました。

　なお，分冊の関係で，7，8 章は，同時期を扱っていますが，時代との関係性を考慮して，近代と現代とに分かれて置かれていることをお断りしておきます。

2　時代区分について

　本書は,通読できるように構成しましたが,「通史」として記述したものではありません。そこで,詳細な時代区分はせず,図書館の歴史を概観するための目安としておおまかに時期を前近代,近代,現代の3部で構成しました。時代区分についての考え方は次のとおりです。

　明治新政府の樹立によって幕藩体制が崩壊した時期を,近代の幕開けととらえ,その時期を境に,以前を前近代,以降を近代としました。1945年8月の敗戦を経て民主的な図書館の実現をみますので,ひとまずこの敗戦の前を近代,以後を現代としました。しかし,1933年の改正図書館令の公布によって戦前期の図書館政策が規定され,それが戦後にも大きな影響を及ぼしていることを考えると,敗戦を機にわが国の図書館が変化を遂げたことを認めつつも,1933年を現代の起点とする見方が検討される必要があると考えます。今後の課題です。

　このように時代を区分して歴史観を明確にすることの重要性を認識しつつ,一方で,時代は途切れることなく連続している,という見方で図書館の歴史を考えることも重要です。そこで本書では,この点にも着目して,前近代から近代,近代から現代への大きな時代の節目を,時間の切れとつながりを意識しながら記述してみました。「3章　近代への歩み」,「7章　図書館と図書館人の戦前・戦中・戦後」,「8章　敗戦から図書館の再生へ」がそれに相当します。

3　図書館史を考えるために

　それぞれの時代についてどのような認識で章を構成し,記

述を進めていったのかを次にふれておきます。

前近代社会の図書館をどう描くか

この本は,近代社会において地域社会の人々の生活をサポートする役割を担って生まれ,サービスを展開してきた公共図書館の姿を描くことが中心テーマとなります。したがって,前近代については,公共図書館に先行して,どのようなかたちの「図書館」がそれぞれの時代,地域社会において存在していたのかをみることになります。あわせて,前近代における貴族,僧侶,武家などすぐれて文字社会を構成していた人々が,その生活空間においてどのような文庫をかまえ,今でいう「図書館経験」をしてきたのかを考えます。

その「経験」と文字を介しての知識・情報の蓄積や交換がほとんどなかった古代・中世において,地域社会(の人々)とのかかわりを求めることはかなり無理があります。ところが,近世社会において本が普及し,文庫が地域社会に姿を現すようになると,様相は一変します。読書人口の増加,本の流通など,人々が知識や情報を共有する仕組みが形成されるからです。

近代への転換　公共図書館の始まり

続く章では,1880年代から1940年代にかけての公共図書館の形成過程を述べます。この時期に,わが国の図書館の近代化が実現したとみてよいのですが,本書では,図書館の近代化について二つの観点でとらえてみました。一つは前近代から近代への転換がどのようになされたのかという点です。もう一つは,図書館が国の施策とどのようなかかわりをもっ

てきたかという点です。

　前者については，図書館におけるサービスが近代に始まることを前提にしつつも，それ以前との連続性もみておく必要があると考えます。そのような観点から読書が庶民のものとして成立するためのさまざまな環境，条件などについて検討してみました。後者については，この国の図書館の近代化について考えるため，「通俗図書館」の成立とその展開の過程をたどります。1920年代後半には，図書館思想のかつてない充実期を迎えます。新たなサービスの対象は，児童から社会人に及び，都市化によって多様な利用者層が図書館に押し寄せます。図書館は市民生活のための情報提供機関として位置づけられることになります。

　一方で，農村部における青年たちは，本を読む生活を手に入れるために自分たちで得た収入を本の購入費に充て，図書館を運営することを生活の一部とします。しかし，戦争前夜，国策を優先する国の考え方が，農村の隅々の小さな図書館に打撃を与えます。文部省のねらいは，村民に対し教化の一環として図書館を位置づけるなどの威力を発揮しますが，これにとどまらずそれは戦後の公民館政策に通じるものであったことを検討します。

現代社会における図書館

　1933年7月に全面的に改正された図書館令によって，中央図書館制度が成立します。この時期，国は戦争への道を歩むことになります。図書館，そして図書館人はどのようにして戦争を経験し，敗戦を迎えたのかを考えます。この時期の図書館活動は国策に従属し，翻弄されることになります。同

時に図書館がどのように苦しい時代を乗り越えたのかを検討します。図書館は社会の安定した基盤のうえに成熟することをこの時代を通して考えたい，というのがもう一つのねらいです。

1950年代の模索期を経て，1960年代以降に図書館活動は停滞を脱し，発展期を迎えるわけですが，これを単なる成長とはとらえず，その時代にどのような図書館づくりが求められ，実践されたのかを検討してみました。『中小レポート』や『市民の図書館』を知る世代が少なくなりつつある今，これを回顧する視点ではなく，そのときの時代状況のなかで，いかなる論議がなされてきたのかを知ることは重要ではないかと考えます。

現代の図書館の大きな課題の一つに，住民との関係づくりがあります。後半は，この課題を中心に論じました。また，近年の図書館をとりまく環境の変化やサービスのあり方については，どのように考え，それらをどう評価し，整理したらよいか，議論があるはずです。できるだけこれらを客観的にとらえ，要点を述べるように心がけました。

4　記述について

本書では，通読のしやすさを第一に考え，なるべく引用を避けるよう心がけました。必要に応じて本文中にかっこ書きで文献名を表記し，各章末に参考文献を掲載しました。

現在活躍中の方については，本来なら敬称を付すべきですが，歴史的な記述の統一感をもたせるために，敬称は略させていただきました。

第  部

図書館のルーツを探る
前近代社会の図書館

1章 古代・中世社会の人々と書物

　前近代，ことに古代・中世社会にあっては，文字が使えるのはおおむね社会の支配層や僧侶に限られていた。文字社会から疎外されていた大多数の庶民の世界では，もっぱら口承で知識や情報の交換・蓄積をしていた。文書で伝えられた情報は村にくれば，村の役人が村人にそれを読んで解説するということが長らく続いた。また口承での伝達は伝聞，風説，伝承，昔物語などの世界でもある。これらは人から人へと伝達されていくなかで，多くは消えてなくなった。

　しかし，時代と地域によって違いがあるが，必要なもの，関心をひいたものは文字化されて残っていった。例えば古代でいえば，奈良時代の『風土記』とか『日本霊異記』はそうして生まれたものであり，『万葉集』にもその跡がある。そうした資料から，当時庶民の間でやりとりされていた情報がどのようなものであったのかをかすかに復元することができる。その作業は歴史，文学などの分野で行われている。

　そういう世界を念頭におきながら，口承の世界に少しずつ文字が伝えられていった様子を，断片的であるが書いてみた。これが図書館史研究の世界でどのように扱われるかは，これからの課題である。

　同時に文字社会であった貴族社会，寺院の文庫とその周辺のことについても若干ふれた。

1.1 文字使用の夜明け

　この列島社会に国家が芽生えはじめた2世紀，それに続く『魏志倭人伝』に描かれている卑弥呼の時代，文字はすでにもたらされていた。それがいつからかは明らかでないが，当時大陸の王朝との間で文書の交換をしていた。卑弥呼の周辺には，おそらく渡来人であろうが，文書の読解・作成を仕事とする者がいたであろう。邪馬台国の統治の場面でも文字が使われていたのではないかと思われるが，当時文字の使用には広がりがあったようである。『魏志』が拠っている『魏略』という書物（断片的にしか残っていないが）に倭人の習俗として「正歳四時」は知らない，つまり暦の知識はないが，「春耕秋収」のことを記して「年紀」としたとある（『新訂魏志倭人伝・後漢書倭国伝・宋書倭国伝・隋書倭国伝』岩波文庫，1985）。もしこの断片的な記述が当時の倭国の一断面を伝えているのであれば，農作業の年間のサイクルを記録して，それに基づいて1年という期間を定めていたことがわかる。これがどこでのことなのか，どれほどの広がりがあったのかなど不明なことばかりであるが，人々の日常生活にかかわるところで文字が使われていたことの一端を伝えているともいえる。

掘り出された文字

　近年，考古学上の発見によって，当時の文字使用のありさまが，ほんの少しであるがみえてきた。1998年，三重県安濃町大城遺跡出土の2世紀前半のものとみられる高坏に「奉」あるいは「年」とも読める文字かもしれぬ跡が見つかった。同じ年，福岡県前原市の三雲遺跡群出土の3世紀中ごろの甕

に鏡を意味する「竟」という文字の跡が見つかっている。また，長野県木島平村の根塚遺跡から，「大」と読める文字が刻まれている土器破片が見つかっており（朝日新聞 1998.10.20. 夕刊），文字使用の広がりに驚かされた。その後もそのころの文字使用を物語る遺物の発見があり，これから文字がどれほど使用されていたのかが次第に明らかになっていくであろうし，文字を使っての情報の交換・蓄積の一端が少しずつみえてくるのではないだろうか。

「刻木結縄」の習い

しかし，後の様子から考えれば，文字はまだまだ人々の日常生活に必要な知識・情報のやりとりに不可欠の手段とはなっていなかったであろう。『隋書倭国伝』は6世紀，推古天皇のころの倭国の様子の断片を伝えているが，そのなかに「無文字，唯刻木結縄，敬仏法，於百済求得仏経，始有文字」と記すところがある。これが何を物語っているのか明らかではないが，百済から仏教とともに，仏典をはじめ大量の文献がもたらされるようになったことを伝えるものかとも考えられる。それまでは文字がなく「刻木結縄(こくぼくけつじょう)」の状態であったというのは極端な表現であるが，当時まだ「刻木結縄」によって情報のやりとりをしていた人々がいたことが語られていると理解することはできよう。

「刻木」は，弥生時代に動物や生活用具を土器に刻んで記号としていた風習と関連がありそうである。「結縄」はいうまでもなく結縄文字である。その具体的な姿は明らかでないが，のちまで長く続いたようであり，中世にもあったのではないかといわれている（横井清『的と胞衣』平凡社，1988）。沖

縄ではさらに後まで伝えられ，今日みられる「バラザン」は藁算であり，結縄文字に違いない（外間守善『沖縄の言葉と歴史』中公文庫，2000）。文字は長らく支配者のものであり，庶民が文字以外のなんらかの記号を使って情報の蓄積・交換をしていた状況が，存在したことを物語るものである。

紙の渡来

近年，7世紀半ばから8世紀にかけて作成された，文字を記す木簡がさかんに発見されて，木片に文字を書いていた状況が次第にわかってきているが，紙とその製法がいつごろ伝わったのかは明らかでない。推古天皇のとき高句麗王が彩色，紙，墨の製法をもたらしたと『日本書紀』は伝えるが，製紙法がこのときはじめて伝えられたとは考えにくく，高句麗独自の製法が伝えられたものではないだろうか。ちなみにその少し前，敏達天皇のとき，高句麗王からの上表文が烏の羽に書かれていて読むのに苦労したという話が，同じく『日本書紀』に載っている。ともに高句麗伝来の技術には独自のものがあったことを物語るものかもしれない。すでに紀元前後には中国で紙が生まれていること，倭王朝と中国の王朝との交渉が続いていること，大陸からの渡来人は絶えることなく続いていることからすれば，かなり古くから（あるいは邪馬台国のころから）紙は使われ，その製法も伝わっていたのではあるまいか。ただ，今のところそれは憶測の域を出ない。

1.2 知識・情報交換の場としての村の社や寺

村の社は，人々が神の加護のもとに生きてきた長い時代，

四季を通しての農作業・日々の生活に密着しており，村人の共同体的結合のシンボルであった。祭りは，その節目節目に村人がこぞって神の加護を求め，感謝の念を捧げるために営まれる非日常的な局面であった。そこは折々に求められる知識・情報の交換の場となり，ことあるごとに集まって相談する場でもあった。そして村の支配者が同時に社の神職であった時代が長く続き，かれらは日々の生活に必要な知識・情報の統制，提供・相談相手であった。奈良時代には，祭りのときに中央政府からの布告が，神職でもあった村首から境内に居並ぶ村人に，口頭で伝えられるしきたりがあったようである。その意味では，社は公的な情報伝達の場としての意味をあわせもっていた。

他方，村に建てられた小さな寺，村堂はすでに奈良時代にみられ，人々の集う場となっていた。渡来人によって各地に建てられた寺は，文字に触れ習得する場ともなったであろう。

人々の文字とのかかわりを語る話が『日本霊異記』にみえる。時は奈良時代，文字を知っていたために仏の救いがえられた話である。都に住む貧しい女が，大安寺の丈六の仏にくる日もくる日もすがって助けを求めていた。ある朝，女の自宅の門のそばに銭四貫を入れた袋が置いてあった。袋には「短籍」がついていて，「大安寺大修多羅供銭」と書いてあったので驚いて，女はこれを寺に届けた。ところが翌日にも同様のことがあり，これが何日も繰り返されるので，寺の僧が不思議に思って女に聞いて，事情がわかり，僧たちはこれは仏が賜ったのだと彼女にこの銭四貫を与え，女はこれをもとに大いに富むことができたというのである（中巻第28話）。

これは，貧しい女が文字が読めることを前提とした話であ

る。もしこの本が僧侶が人々に説教をする際のテキストの役割を果たしているとすれば（益田勝実『説話文学と絵巻』三一書房，1960)，この話は聞き手に文字を理解できる人たちがいることを前提として，文字を知っていれば救われるという教訓ではないかと推測される。あるいは文字を介在させた情報交換が，わずかながらも生まれていたことを前提として語られているのではないかと想像される。

また『日本霊異記』には，経典自身に神秘的な力があり，これをもっていたことで救われた，危機から逃れえたと伝える物語がしばしば登場する。文字・書物に特別の力があるという信仰は長く続いた。それとともに，その収蔵庫もまた神聖な場であった。

1.3 文字社会としての寺院

(1) 造東大寺司写経所

古代，飛鳥や奈良の大規模な寺院はもとより，各地の多くの寺院は多かれ少なかれ経典をもち，その量が多くなれば経蔵に収蔵した。経蔵には経典だけでなく仏具，外典，書画など貴重なものも納められていた。

奈良時代，東大寺に置かれた造東大寺司（同寺の維持・管理にあたった役所）にあった写経所は大がかりな写経の場として大量の経典を書写するだけでなく，数多くの経典を蓄積し宮中，公卿，他寺に学習や儀式のために貸し出すなど，図書館的な役割も果たしていた。また，書写用テキスト借り受けのために，どこにどのような経典が所蔵されているかの調査を行い，記録しており，いわば経典の情報センターとして

の性格をもっていたといえよう。

　写経所では経典に記号をつけて分類・整理して，保存していた様子がうかがえる。また，貸出にあたって「代本板」が用いられたともいわれている（東野治之「正倉院伝世木簡の筆者について」『正倉院文書と木簡の研究』塙書房，1977）。正倉院には長さが経巻の軸長ほどの木簡（29 cm × 4 cm）があり，表裏に法華経の貸出先，借り出した理由，借りにきた人，貸出担当者の名が記されていることから，そのように考えられている。「代本板」であれば興味深いのであるが，まだ一つだけしか見つからず，「代本板」としてどれほど一般的に使われていたかは明らかではない。この木簡は帯出簿に書き取るための伝票の役割をしていたとも考えられる。

　経典の貸し借りにあたっては，「奉請(ほうせい)」という言葉が使われていた。この言葉が貸・借ともに使われていて，どの場合が貸なのか借なのか，議論があるが，いまだはっきりしない（大平聡「正倉院文書に見える『奉請』」『ヒストリア』126 号，1990.3）。この造東大寺司の「奉請」のほかに，「借」「受」が使われた事例が，奈良県の山田寺遺跡で出土した木簡にみられる（奈良文化財研究所『大和山田寺跡』吉川弘文館，2002）。

　ところで，ぼう大な経典の制作のために，写経師は官司に勤める能筆の者だけでは足りなくなり，近辺の農民の手を借りるようになった。かれらは普段は農業に従事していて，求めに応じて農閑期に写経所に出て，訓練を経て写経その他の仕事に従事し，報酬を得ていた。かれらのなかには，経典を読み解くことは困難でも，文字の世界で仕事をするうちに，文字になじみ，より深く文字を学ぶ人もいたようで，その仕事にたずさわるうちに官人に登用された人もいる。あるいは，

ここで習得した文字を村に帰って日常生活のなかで使うことがあったのではなかろうか。奈良時代の遺跡で，近年さかんに発掘されてきた墨書土器の分布の広がりには，寺院で文字を習い覚える人々の存在もかかわりがあるかもしれない。

(2) 各地の寺院，その蔵書

　奈良時代には数多くの寺院が活動していた。それぞれの寺院は経典その他の文献をもち，所蔵数の多いところでは経蔵に保存していた。『平安遺文』によれば，例えば9世紀のころ，熱田神宮の神宮寺には「書写経論一万五千九百余巻」があった。筑前国観世音寺には瓦葺きの経蔵があり，以前小破・中破したりしたが今は修繕した，ここには一切経，大般若経などを収めてある，と書かれているが（同寺資財帳，905（延喜5）年），1148（久安4）年には建物が次第に朽ちて，瓦がこわれていると報告されている。10世紀後半には，越前国の気比太神宮寺が建立され，経蔵は檜皮葺で方4丈，高10丈（不審，誤カと書かれている）とあり，檜皮葺の経蔵はよく見受けられる。1042（長久3）年，白河寂楽寺の宝蔵二宇が焼失し，「一切経五千余巻，俗書三千余巻」が焼けてしまった。中尊寺は二階瓦葺きの経蔵に金銀泥一切経などを収めていた。こうした記録はいくつもみられる。

　寺の蔵書は秘蔵された場合もあったが，利用は（貸出も）よくされていたようである。現・名古屋市の七ツ寺には平安時代，経典を収めた唐櫃の蓋の裏に朱で五か条の約束事が書かれていて，誰もいないとき一人で密かに唐櫃を開けないこと，親しい人であっても他国の人には貸し出さないこと，誰かに頼まれて密かに貸し出さないこと，虫干しを年に一度す

ること，写経や読経のためであっても一度にたくさん貸し出さないこと，と定めている（『愛知県史』第1巻，1935）。

平安時代後期，律令制度の弛緩・崩壊にしたがって，京や地方の寺々は次第に荒廃し，保存していた経典類も失われていった。さらに中世，戦国の世になると，戦乱のなかで各地の寺院の破壊が進み，それにともなって数多くの貴重な経典，外典が失われた。しかし，そのようななかでも戦乱，火災，破壊から被害をまぬがれた寺院もあり，文献の保存庫としての役割を果たした。金沢文庫はその一例である。

(3) 中世の寺のもう一つの役割

室町時代ごろからといわれているが，寺入りと称して，世俗の子弟が14, 5歳になると出家のためでなく，教育を受けるために寺で修行する慣習ができた。多くの子どもが，程度はさまざまではあるが，読み書きを学んで村に帰った。それはもっぱら武士，土豪など村々の上層部の者たちの間での出来事であったが，中世の農村社会に読み書きのできる人々が広がっていく様子がうかがえる。それはまた，近世における村落の支配層を中心とした文字社会を準備する意味をももつものであったといわれている。

各地を廻る僧，僧形の遊行者は，奈良時代にはすでに姿をみせ，人々の生活と深くかかわりをもってきた。先々で修行を重ねたり，行事の手伝いをしたりして，村の長者の家でやっかいになったり，無住の村堂に仮住まいし，ある場合には絵解きをして法を説いたり，世間のあれこれについて知識・情報を伝達する役割を果たし，村人の相談役の役割を担い，時には弘法大師の説話に象徴されるように大小の土木事業の

世話役をしたりした。長者の家にもたらされた文書を読んでやり，返書をしたためたり，子弟に文字を教えたりもしていた。『信貴山縁起絵巻』に，村の長者の家に修験僧が起居して，子女に読み書きを教える様子が描かれている。

　また，ある村のことであるが，一人の旅の僧が無住の寺庵に止宿し，それまで子どもたちに文字を教える者がいなくて困っていたのを，この僧がその仕事を引き受けた。同時に村の公文書の作成も手伝っていたらしい。僧は托鉢もしたようだが，止住するところを与えられ，食べ物も給されていたと考えられている(久木幸男「中世民衆教育施設としての村堂について」『日本教育史研究』6号，1987.7)。

　子どもに文字を教えること自体は教育の領域に入る事柄であるが，そのことと村に来た手紙を読んでやり，返事を書いてやる（公文書の作成もその一つ）ことがひとつながりのことであって，文字を使った情報のやりとりの手助けをする人たちのいたこと，かれらのための場として「村堂」が提供されていたことがわかる。かれらははじめは僧侶が中心であったが，やがて近世になると，医師，俳人，地方名望家も加わり，そういう慣習は村人の生活のなかでは長くみられたことであったらしい。これは一見，図書館の歴史とは遠い事柄のようにみえるが，知識・情報のやりとりのための社会的なシステムの一つとしてみることができる。

1.4　文字社会としての古代貴族社会

　邪馬台国のころ，あるいはそれを遡る時代，弥生時代の末期か，はっきりしたことはわからないが，文字が伝えられ，

誕生した王権の周辺では，中国から伝えられた漢文の文書を理解し，やがて文章を書くことができる倭人が生まれ，4〜5世紀，倭王朝に仕える人々のなかに文字を駆使できる専門家が育っていく。そうして文字の使用が広まるとともに，日本語を漢字で表現する工夫が行われるようになった。長い時間がかかったが，その過程で7世紀後半には一段と漢字が自由に使えるようになったのではないかといわれている。

　律令制度は，文字の読み書きができる多くの官人が，中央政府だけでなく地方にもいなければ動かない。文字がどのように学ばれていたか，まだわずかなことしかわからないが，近年各地で発掘された遺跡から発見される文字木簡などから，7世紀後半期，飛鳥地方だけでなく，各地の豪族の館などで，論語や千字文によって文字を学んでいた様子がうかがえるとともに，漢字で日本語を書き表すための工夫の一端が知られるようになってきた（平川南編『古代日本の文字世界』大修館書店，2000）。それぞれの地域に文字を学ぶ場がそれなりにあり，あるいは地方の豪族が場を提供したかもしれず，それが寺院であったとも考えられる。教える役割は僧侶，あるいはその地に定着した渡来人が担ったであろう。また，各地で文字が学ばれるようになれば，論語にしろ千字文にしろ，テキストとして数多くの本が複製されたに違いないが，その具体相は不明である。

　こうして，文字を使える多くの下級官人が現出したことで，かれらに支えられて律令制国家は動き出し，そのうえに乗ってひと握りの文字社会である貴族社会が奈良時代に現出したのである。その形成過程に最初の図書館が生まれた。

(1) 最初の図書館

　貴族社会において今日知られる限り最初の図書館は、「書屋(しょおく)」といわれるものであり、奈良時代を遡って存在していたと考えられる。「書屋」という文字は法隆寺金堂の釈迦三尊像の台座に使われている板に書かれていて、その解体修理の際に、「辛巳年」などの文字とともに発見された。その「辛巳年」を推古朝の621年と解し、「書屋」はそのころに存在していたと考えられている（館野和己「釈迦三尊像台座から新発見の墨書銘」『伊珂留我』15号、1994.4）。あるいは、その60年後の「辛巳年」（681年）、すなわち天武朝のことかとも考えられるが、詳細は不明である。ただ、中国の唐代にみられる書屋という言葉が、書物を入れる部屋の意味で使われていることから、それに類するものと理解できる。もし推古朝のものであれば、聖徳太子にかかわる書斎的な性格をもった図書室であるという推測ができるかもしれない。もし天武天皇のころのものとすれば、奈良時代の図書寮(ずしょりょう)の前身とも考えられるが、いずれも推測の域を出ない。ともあれ、奈良時代より前に図書館が姿を現していることは注意しておきたい。

　奈良時代の図書寮は中務省に属し、図書・文書類の管理、図書の作成、国史の編纂、内廷と中央官衙が必要とする紙筆墨の製作と供給、宮中で行われる仏教儀礼に必要な物品の管理・供給を担当した。これらは一見すると雑然としているようであるが、一貫して中務省の職掌と深く結びついている。中務省の長官は天皇と中央政府諸機関との仲立ちをする（文書・記録の伝達・保管などもその仕事の一端）とともに、天皇の威儀を保つために、その服装、持ち物、立ち居振る舞いに至るまで、大陸の皇帝のそれに似せることを職務としてい

た。図書寮はこれに必要な図書を収集し，天子の鑑となる国史を編纂するうえで必要な記録整理の役割を担った。宮中の仏教行事に必要な道具の管理・提供をこの役所が行ったのは，仏事が天皇の威儀にかかわるものであったからである。紙筆墨の制作・頒布をつかさどったのは，中務省がこれらの生産と頒布の権限を掌握することで，建前として天皇がこの国の情報を一手に握っていることを表現しようとしたからである。これらは，図書寮が天皇のための参考図書館であったことを表している。

(2) 読書人社会，そして芸亭のこと

　奈良時代，貴族のなかには読書をよくし，漢詩文をよくする人が現れ，文人と呼ばれた。この世界は漢詩文の上手下手が出世に響いた。しばしば宴が行われ，詩酒の交換も行われている。貴族社会のなかに読書人社会が生まれていた。大陸からもたらされる書物の数量は限られていて，かれらの間ではその貴重な書物を借りては書写して蔵書を増やしていた。

　相当の蔵書をもつ人も現れている。そうした人々のなかに，文人の首ともいわれた石上宅嗣（いそのかみやかつぐ）がいた。宅嗣は奈良時代末期，芸亭（うんてい）を開設した。これまでこれは，わが国最初の公開図書館といわれてきた。しかし，当時の貴族社会の閉鎖的な姿からみて，誰にでも開かれた図書館の存在は考えにくい。宅嗣は奈良時代末期，政争のなかに身を置いたこともあり，政治と仏教の癒着・堕落を目の当たりにして，儒教思想を学んで仏教の再生を図ろうとしたらしく，それを模索する場として芸亭を創設したと考えられる。芸亭はその考えに共感をいだいた人に開かれたのであり，その人たち（いわば会員）が集い，

読書・論議・思索する場であった。研究の場であり、そのための文庫というべきものであり、同志のためのいわば仲間図書館・会員制図書館といってよいかもしれない（小川徹「いわゆるわが国最初の公開図書館・芸亭について」『法政大学文学部紀要』28号，1982）。

古くから書物が置かれ，読書・思索する場は，人々が集い，語り合う場としても機能していたらしい。『万葉集』巻第5に「書殿にして餞酒せし日の倭歌四首」（876-879）がみえ，太宰府で都に帰る大伴旅人を送るために，「書殿」で宴が開かれたと伝えている。この書殿が官邸にあったのか，私宅にあったのかは明らかでないが，図書室と理解されている。旅人は太宰府にあって，730（天平2）年に有名な梅花の宴を開くなど，自宅でしばしば宴を行っていたようで，あるいはこれもそうだったのかとも考えられるが，この時は送られる身であったので，場所は官邸の書殿ではあるまいか。『万葉集』は，国守の館での酒宴をしばしば伝えているが，これはたまたま官邸の書殿でそれが行われていたことを物語るものである。そうであれば，図書室が時に詩酒を応酬する場となりえたのであり，やや踏み込んでいえば，図書館の原型がかすかにみえるといってもよいかもしれない。あるいは，ほかでも同様の場で宴が行われたかもしれない。

(3) 宮廷での情報のやりとり，「日記の家」・山科言継のこと

平安時代になると律令制度は次第に変質していき，貴族の宮廷での執務，行事は儀礼的で煩瑣なものとなっていった。貴族たちは先例にのっとり，時にこれを記した参考文献を頼りに執務，行事をこなしていた。行事は慣習に基づいて行わ

れていたが，長い間には例外，新儀が出てきて，それを解釈するうえで，旧来のものでは間に合わなくなり，その時々の行事について詳細に記録した日記が数多くつくられた。特定の家で代々書き継がれてきた日記が次第に重視されるようになり，その家は「日記の家」といわれた。その日記を執務，行事にあたる貴族たちが借り出し，書写しており，行事にかかわる書物などもひんぱんに貸し借りされていることが，当時の貴族が書き残している日記からうかがえる（松薗斉『日記の家：中世国家の記録組織』吉川弘文館，1997）。これらは宮中の行事に関する相談相手であり，日記・行事にかかわる書物をもつ貴族の家は，図書館的な役割を担っていたといってよいであろう。

こうした宮廷での書物の貸し借り，情報のやりとりは後々までみられる。戦乱の時代を京にとどまってくぐり抜けてきた中流貴族，山科言継についてみてみよう。言継は宮廷で権中納言，権大納言としての役目を果たした，一流の学識教養をそなえた貴族であった。言継の日記『言継卿記』に丹念に記録されているが，多くの蔵書をもち，求められて繰り返し人に書物を貸している。それだけでなく，他から借りてきて書写し，校合もし，ある人の本を別の人が所望すれば，仲介の役目を果たし，多くの本が言継を通して貸し借りされている。また，書写して他の人に与えており，時には天皇から依頼されて『源氏物語』（の一部）を書写している。装本の依頼にも応えて，取引のある職人に頼んでいる。言継が書物のやりとりの一つのポイントにいて，貴族社会の図書館的な役割を果たしていた様子がうかがえる。

言継が貸し借り，書写，校合した書物は『源氏物語』，『風

雅集』などの文学作品が多かったが,仏典もあり,『日本書紀』,『公卿補任』,『禁中補任』,『歴名次第』,『諸家伝』,『禁秘御抄』など,貴族が宮廷で公的活動を行ううえで必要な書物が少なくない。当時は戦国の世であり,貴族たちは京都にとどまっていても窮迫する生活に悩まされ,宮廷の儀礼なども平安時代のしきたりを守ることはむずかしくなっていたが,そのなかでこれらの書物は,貴族社会を維持するうえで不可欠な文献であり（ついでにいえば,『源氏物語』も平安時代の貴族の姿を学ぶための作品という側面をもっていた）,その研究は貴族にとって欠かせなかった。

　ところで,言継は唐櫃に草紙本などを入れて,いろいろな人に預けていた。時には預けた先に出向いていき,必要な本を取り出したり,中身の点検もしていた。戦乱の世,地方の寺社などに典籍・書画が預けられたことはしばしば語られ,その役割を果たしていた寺社は多かったが,言継のようにしてしのいでいた貴族もあったのである（近衛家でも同様であった。2.7（1）参照）。大切な記録・図書をどのようにして保存していたのか,その一端をみることができよう。

　なお,言継は連歌,歌舞などをもたしなみ,同時に診療・投薬も行っており,これらを通じて町衆とのつきあいがあった。さらに書写,製本を通じて,あるいは論語を教えたりもしていた。言継の言動は,下克上の時代の貴族文化と町衆文化のふれあいを示すものであり,この時代の一つの知の広場の姿であった。

1.5 読書する姿,本を売る店

　最後に,この時代の読書する人々の姿をかいまみてみよう。古代についてはよくわからない。正倉院の御物のなかに書見台「紫檀金銀書几残欠」があり,天皇あるいはその一族であろうか,巻子本を台に広げ,巻き取りながら読んでいた姿が想像されるが,詳細は不明である。

　中世になると,貴族の家,僧院での様子を,絵巻物から知ることができる。『源氏物語絵巻』に,お付きの者が冊子本を手にして読んでいるのを聞きつつ,姫が薄縁に絵冊子を広げて見ている場面があることはよく知られている。ほかに,畳敷きの室内で,巻子本を置いた机に向かって生真面目に読んでいる人物もあれば（『春日権現験記絵』など）,机に向かってはいるものの片肘をつき片膝を立てて読書する姿（このころ楽な姿勢で座るとき片膝をたてる風習があった）（『融通念仏縁起』）もみえる。部屋の廊下部分の一部を突き出して読書の空間にした付書院の出窓風の机で筆をとる姿,その机のそばで読んでいる姿（『法然上人絵伝』）もある。机があるのに机に向かわず読書したり,柱に寄りかかったり,床に巻子本を広げたりと思い思いの姿がみられる（『吉備大臣入唐絵巻』など）。子どもがふたり寝ころんで,本を広げているところもある（『春日権現験記絵』）。今と変わらない,思うままの姿で読書していたことが知られる（以上いずれも『日本の絵巻』正・続,中央公論社,1987-1992）。

　長い間,書物はごく限られた人たちのものでしかなかった。しかし,戦国の世も終わりになると様子が変わってくる。例えば,『洛中洛外図』は中世末期・近世初頭の京のざわめき

を今日に伝えてくれることで知られている。そこにはさまざまな店がみられ,町田家旧蔵本には,町角に巻子本と冊子を置いた本屋らしき店の姿がある。舟木家旧蔵本には,冊子本を置いている店がみえる(いずれも『洛中洛外図大観』小学館,1987)。人々が行き交う町中で,本が売られているひとこまをみることができる。庶民に本が普及するほんの少し前のことである。

　以上,古代に偏りすぎた記述になったが,近世に至るまでの地域社会での知識・情報のやりとり,本の貸し借りの様子とあわせて,文字社会における文庫の一端をみてみた。これらを,近代における「公共図書館」の世界からは遠くにあった民族の経験として,みておく必要があるのではないだろうか。

参考文献
　井上薫『奈良朝仏教史の研究』吉川弘文館,1966
　今谷明『言継卿記：公家社会と町衆文化の接点』そしえて,1980
　大戸安弘「中世後期における絵解説経と農民の精神形成」『講座日本教育史』第一法規,1984
　小野則秋『日本文庫史研究』2v. 臨川書店,1980
　『ことばの中世史　中世　1』平凡社,1988
　佐藤信『出土史料の古代史』東京大学出版会,2002
　関口力「『中右記』に見える貴族と日記」『摂関時代と古記録』吉川弘文館,1989
　『日本の古代14：ことばと文字』中央公論社,1988
　野田嶺志編『村のなかの古代史』岩田書院,2000
　結城陸郎「中世日本の寺院学校と民衆教育の発達」『中世アジア教育史研究』国書刊行会,1980

『文字と古代日本』5v. 吉川弘文館, 2004-2006
横井清「民衆文化の形成」『岩波講座日本歴史7　中世3』岩波書店, 1976

> チョット
> ひとやすみ

コラム

明治以前の西洋図書館知識

　海老沢有道氏の論文に,「西洋図書館旧記」(『私立大学図書館協会会報』24号, 1959)があります。この論文は,海老沢氏が聖心女子大学図書館長だったとき,学内の研究会で発表された「明治以前の西洋図書館知識」をまとめられたものです。

　南蛮学の泰斗であった氏は,16世紀日本にやってきたキリシタンが,西洋の図書館についての知識を伝えたのではないか,各地にできた修道院や教会に附属して設けられたセミナリヨ(中等学校)やコレジヨ(大学)には「西洋流に管理された図書室程度のものがあった」のでないか,といわれています。

　確かに活字印刷機が持ち込まれ,いわゆるキリシタン版がコレジヨで相当出版されたほどですから,コレジヨにはそれなりに蔵書があったであろうし,「図書室がそれらに無かったとは,常識的にも到底思われぬ」ともいわれています。ただ「不幸にして,それらに関する具体的な記録は見出し得ない」と付け加えられています。

　海老沢氏がこう語ったのはもうかなり前のことです。以来,海外にあるキリシタン関係の資料の解読・読み込みは相当進んでいるに違いなく,あるいは私どもが知らないだけで,「具体的な記録」が見つかっているのかもしれません。まだ見つかっていないとしたら,今後それらの存在を示す資料が出てくるかもしれません。楽しみのひとつです。

　なお,海老沢氏は,続けていわゆる天正遣欧使節が見学した図書館のこと,鎖国下江戸時代の洋学者,山村才助昌永著『訂正増訳采覧異言』に書かれているヨーロッパの図書館についても語っておられます。

2章 近世社会と地域の図書館

　近世社会は、中世までとは比較にならないほど多くの人々が文字を学び、広く利用した社会である。出版活動はさかんになり、読書人口は大幅に増加した。多くの人々が利用した貸本屋の図書館的な役割については、よく論じられている。同時にこの時代は、書写本のかたちで多様な情報がやりとりされた。自然、社会、個人をめぐる出来事（口伝）の記録、その流布（貸し借り、書写）を通して、人々はさまざまな知識・情報を共有するようになった。

　また、神社や寺院の（境内に置かれた）文庫や地域の文人、名望家やさまざまな結社が、仲間や結社員を対象として、時には広く開放して蔵書を提供する事例は、数多く各地にみられる。そこに、地域社会における原型としての図書館の姿をみることができるのではないか。そして、そこからの近代への転換をどのように考えるかが課題となろう。

　なお、後の専門図書館、大学・学校図書館の前身の文庫は本書のテーマから外れるのであるが、少しふれておきたい。

2.1 文字社会の広がり

　近世社会は、すでにいわれているように文字社会であった。同時に、鎖国により海外の情報は極端に制限されていた。幕

藩体制のもと、身分による差別は厳しく、藩を越えた人・モノ・情報の自由な往来・流通には大きな制限があった。しかし江戸時代は中世までとは比較にならないほど交通網が発達し、参勤交代でそれぞれの国元と江戸との間には、人・モノ、そして情報のやりとりがひんぱんにあった。また人口が多く、モノの消費地であった江戸・大坂・京都には、絶えず大量の物資が流入し、それにともない地方との間に交流があり、情報の流通も含めてさかんになった。三大都市の江戸・大坂・京都では、町人が経済力を背景に学問、文芸、諸芸の諸分野ですぐれた作品を生み出し、出版業が活発になるのに応じて各地にもたらされた。それらは、各地で経済的に力をつけてきた裕福な商人層、豪農層を中心に広く学ばれ、享受された。

また、人々は必要に応じて、見聞したことを几帳面に記録するようになった。それはぼう大な随筆類の存在にもみられるし、商家の記録、農村での天候、農耕に関するメモなどの記録の大量な存在などにも現れている。

江戸時代も終わりに近づくころになると、寺子屋は一層さかんになり、次第に庶民の識字率が向上してくる。出版物は幕府の厳しい統制のもとにあったが、もっぱら貸本屋を通して、都市やその周辺だけでなくかなり辺境の地にまで運ばれ、多くの人々が読書を楽しむようになった。地域社会に「文庫」が生まれたのは、こうした状況のなかでのことであった。

2.2 知識・情報の収集・共有の姿

村々では、村役人層には村政の円滑な運営、農業生産上での指導力が求められ、これに応えるため普段から多様な知識・

情報の収集・蓄積が不可欠であった。どの村にも作業日記、稲刈帳、日々の天候・作物の成育状況・作業記録、飢饉録などが残されているが、さらに幕末にかけて災害や飢饉の頻発、そして黒船の到来、幕府権力の動揺という大きな変動への前ぶれのなか、自分たちの村の明日を見通すためにも、村や藩を越えて広く情報を収集し共有するようになった。江戸・幕府の様子、京都・朝廷の様子、やがて黒船到来についての情報などを、全国的な規模で収集した事例がある。その情報源には領主からのルートのほか、商取引のルート、地域の農民間のルート、江戸や京都などに藩の所用で村から派遣されている者からのルートがあった。また、村を訪れ、通過するさまざまな人たちが伝える多様な情報も大切なものであった。

人々の情報収集への積極的な姿勢は一般化しており、情報が丹念に記録されていることにも注意したい。それは本草学、物産学、地誌などにみられるが、ものごとを克明に記録する精神が生まれ育ってきたことと深くかかわるものがある。

今の山形県西村山郡河北町谷地、かつての谷地郷は紅花の栽培で知られていて、その販売先の上方とは深く結ばれていた。谷地に古くからあった講集団は年に1、2度の寄り合いをもっていたが、すでに元禄期には、村内外の出来事などについての情報を書き留めていた。最初は簡単な記録であったが、次第にその内容は多岐にわたるようになり、天候、作柄、相場、各地の災害・一揆・打ち壊し、将軍の動静、幕閣の人事、黒船の来航などが記録されるようになった。遠く仙台、江戸、京都、大坂のさまざまな出来事が克明に記されている。これらの情報が、この村の紅花生産を左右するものと理解されていたことはいうまでもない（今田洋三「農民と情報」『地方

文化の日本史』文一総合出版，1978)。

　寄り合いでの多様なテーマについての話し合いは，人々の社会的視野を飛躍的に広げたであろう。口伝えで得た情報の記録化は，ものごとを客観的に見る目を養ったに違いない。また，記録という行為自体，人々のリテラシー向上に強く寄与したことであろう。それらは，地域社会において必要とする知識や情報を共有するという，村がもち続けてきた「図書館的機能」の働きにともなうものであり，基礎的な事柄として押さえておく必要がある。

2.3 「蔵書の家」の役割

　19世紀初頭，文化・文政期になると，村の役人層の間では（へき地といわれる地方でも）学問や文化がさまざまに学ばれ，たしなまれるようになる。それは，村人のなかに文字によってもたらされる知識・情報が増えるにともない，そのうえに立つ支配者として振る舞うためには，よりすぐれた知識・情報を身につけなければならなくなってきたという一面があると考えられている。

　また，かれらや村の知識層である医者，神官，僧侶は漢籍，俳諧，書画などに接する機会が多く，藩の役人，城下の町人との交流を通して江戸・上方文化についての情報を得るなどの刺激があった。そのため，国学，漢詩，和歌，俳諧や謡曲，長唄，書画，囲碁，生け花，弓術など，さまざまなものが指導層や知識層に受け入れられるようになった。近隣の同学の士，趣味を同じくするものは結社を営み，読書会を行い，遠くの師匠や仲間との間で交流を行うようになった。こ

うした地域を越えた交流、広範なネットワークが結ばれるようになるなかで、草深い村々にも地域文人社会が形成されてくる様子が、次第に明らかになってきている。

蔵書の貸し借り

こうした活動が活発になると、図書を購入し、貸し借り（書写）する活動もまたさかんに行われるようになった。相当の蔵書をもつ人々も現れた。村の役人層や知識人の間には、すでに江戸時代中期には多くの蔵書をもつ家が現れている。その内容は家によって違いがあるが、往来物、実用書、物語、俳句、和歌などにとどまらず、儒学、国学、書、仏教、漢詩文、医学書など多様な領域の図書が集積されている。名主庄屋は当然のことながら、相当の行政文書を蓄積していた。

所蔵されている図書には、刊行されたものとともに写本もかなりある。それらがどのようにして集積されたのかは、まだ十分に追跡されているわけではないが、図書に押されている印や書き入れからさまざまに推測されており、村を越えて図書の貸し借りが行われた様子もわかってきた。また書籍商あるいは貸本屋の印がみられるものもあり、購入によって図書が蓄積された様子がみえる。

俳諧、連歌などの仲間、国学の結社などさまざまなグループでは、つながりのある人々の間で図書の貸し借りがさかんに行われ、貸し借りの中心にあった家（「蔵書の家」ともいわれている（小林文雄「近世後期における『蔵書の家』の社会的機能について」『歴史』76号、1991.4. 長谷川宏「教育と文化」『新編埼玉県史 通史4：近世2』1989））から多くの図書が借り出されていた様子がわかる。蔵書目録には、貸した相手の名前が記さ

れていたり，貸すのではなく譲り渡すこともあったことや，「行方不知」との注記も出てくる(『静岡県史　資料編15』1991)。

今の埼玉県新座市，当時の菅沢村の名主たちも多くの図書を所蔵していた。その一軒の清水家に残されている本の最後に「此本何方へ参り候とも，御覧の上，持ぬし清水方へ御返し下さるべく候」と記されており，多くの人たちが清水家から本を借りて，しかも回覧して読まれたらしい（おそらく書写もされたであろう）(『新座市史　第5巻　通史編』1987)。

地方都市，例えば岡山では17世紀末から18世紀にかけて，上層町人層の間で詩の会，和歌をたしなむ会が行われるようになり，同人たちが音楽を楽しみ，小旅行を郊外に試みていた。なかには薬種商とともに書肆を営み，図書を相当蓄積し，執筆もしていた知識人もおり，互いに図書の貸し借りをしていたことも知られている（『岡山県史　近世3』1987)。

こうした姿は，各地の都市やその周辺のみにみられたのではない。辺境といってよい地域の村で，上層の農民が積極的に江戸や上方と交流し，文芸，学問を享受している姿がみられ，仲間同志で図書の貸し借りをしていたこと，相当の蔵書をもつ「蔵書の家」がみられることなどがわかってきた。近年の県史，市町村誌史から多くを知ることができるし，書籍史料研究は活発である（橘川俊忠「史料としての書籍」『歴史民俗資料学研究』3号，1998.2，藤實久美子「近世書籍史料研究の現在」『歴史評論』605号，2000.9　など)。

医書の家

在村知識人の間でも，例えば医者の果たした社会的役割は大きかった。かれらの活動についての研究もさかんに行われ

ていて、医者たちが研究会をもち、熱心に医学を学んでいる姿を知ることができるようになった。そこではおそらく手に入りにくい専門書を貸し借りし、書写したに違いない。

　信州佐久郡春日村の漢方医伊藤忠岱(いとうちゅうたい)は、さまざまなつてをたどって、各地の医者から蔵書を借りては筆写しており、その数は千冊を超えたという。その写本がまた、地域の医者によって筆写され、医書は次々に書き写されて広がっていった。伊藤の役割は「医書の家」といわれている。なお、在村医者の集いの場は、同時に墨絵、俳句などを楽しむ場でもあり、文化サークル的な面ももっていたといわれている(『日本の近世　14』中央公論社、1993．橘川俊忠「近世村医者の本箱」『歴史と民俗』7号、1991.7)。

　このような蔵書家のもつ蔵書を利用する様子から、その家を含む地域的な広がりができ、サークルが生まれ、そのなかで蔵書家が情報蓄積・伝達のむすびめ、いわば図書館としての役割を果たしていたように思われる。

流布する本のこと

　ところで、こうして広く村々にまで普及していることがわかってきた図書についての研究は、近世史の一つの領域として近年さかんに行われている。

　刊本とともに広く流布している写本のなかには、厳しい統制のなかで出版できず写本のまま書写・流布したものは多かった。そこまでいかなくとも、書き留めて手元に置いておいたものを、関心をもった人が借りて書写して流布することもあれば、刊本をなかなか買い求めることができない人が書写し、それが別の人に書写されて流布する場合もあった。写本

のなかには原本に忠実な書写もあれば，筆写される間に少しずつ文字・文章が変わっていく場合や，自分の関心に従って取捨選択し，必要な記事を付け加えて，自分だけの，あるいは農書などにみられるようにその地域独自のものにしてしまうものもある。いずれにせよ書写本ゆえにできることであり，口承により自由に必要なものだけを言い伝え，不要なものが落とされていった伝達の時代と，印刷本による固定された知識・情報伝達の時代の間にはさまれた，過渡期に特有の知識・情報の伝達様式と考えられる。

　また，図書をめぐる宗教的，呪術的な感情は，近世のみならず遡る時代にも共通するものがあるが，近世においては，疫病の治癒効果があると考えられた図書は，所蔵するだけ，贈与するだけでも意味があると考えられていたことが指摘されている（小池淳一「宗教現象としての読書」『歴史評論』629号，2002.9）。経典への信仰にも共通するもので，前近代社会に通底する人々の心のありようであったといってよいであろう。

2.4 文庫の形成

　蔵書家のなかには，仲間の間で競い合って蔵書を増やすとともに，図書の貸し借りもし，あるいはお互いに珍本をみせあうなどして楽しんでいた人たちがいたことは広く知られている。蔵書を公開する場合もあった（この項小野則秋『日本文庫史研究』下巻，臨川書店，1980　ほかによる）。

　例えば，江戸時代も初期，1644年のこと，江戸・浅草に住んでいた将軍の侍医，板坂卜斎は自宅で蔵書を町人のために開放した。浅草文庫である。

仙台の青柳文庫も著名である。青柳文蔵は若くして江戸に出て苦学したのち，公事師（後の弁護士）として活躍，成功した。自分が読書するのに苦労した経験から，郷土に報いるために蔵書2万冊と文庫設立資金を仙台藩に献上した。藩はこれをもとに1831（天保2）年，城下に文庫を建設し，その運営も藩が行い，広く人々に公開した。

　現在の三重県松阪市，かつての鳥羽藩飯南郡射和村で両替商を営む家に生まれた竹川竹斎（たけかわちくさい）は，大坂で学び，村に帰って村の経済の建て直しに力を尽くしたが，隠居して1854（嘉永7）年，学問を求める人，読書好きの人のための射和（いさわ）文庫を開いた。書庫の横の部屋では毎月15日に古典の勉強会が開かれ，集まった人たちの語らう場ともなった。

　また，飛騨・高山で町の組頭を務める加藤家の家督を継いだ小三郎は俳諧・国学を学んでいたが，地域の学問振興に役立てようと，1784（天明4）年に私塾雲橋社を創設し，蔵書を公開した。私塾を開きながら蔵書を公開する事例は，地方誌史にみることができる。

　神社や寺院の文庫にも著名なものが多い。寺社は古くから神聖な俗権力が立ち入ることができない場所（アジール）とされてきて，戦乱の続く時代には，貴重な図書が文書や秘蔵の品々とともに預けられてきた。幸いこうして幾多のものが戦国の世をくぐり抜けて近世に至った。

　貴重な資料を寺社に納める風習は，戦乱の終結した近世でも続いた。京都の北野神社，大坂の天満天神社，住吉神社などは，本屋が出版するたびに図書を奉納して，神の加護を祈る場としての役割を果たしていた。その結果，数多くの図書が保存され，保存図書館としての役割を果たすことになるの

であるが、神社によってはその蔵書を、あるいは神官が自らの蔵書を、文庫をつくって公開した。

伊勢神宮の文庫

伊勢神宮では、外宮の神官であった出口延佳が神学の研究、神官の研修を目的として、多くの賛同者（籍中、のち文庫衆）を得て、1648（慶安元）年に書庫と講堂をつくり「宮崎文庫」を設立した。そこでは研修会、講演会が開かれた。また、図書を寄贈する人たちが多く、蔵書が増えていき、籍中が交代で蔵書の管理、閲覧、貸出などを行っていた。はじめは利用者は関係者に限られていたが、やがて各地から評判を聞きつけて多くの学者などが訪れるようになった。これに刺激されて、内宮では「林崎文庫」がつくられ、その活動は宮崎文庫ほどではないといわれているが、学問研究と閲覧の場となった。ほかにも、賀茂神社の「三手文庫」など、いくつもの文庫が知られている。各地の神社で神職が文庫を開設し、その地域の人々に公開していた事例は、地方史誌などに紹介され、研究もされている。いくつかについてみてみよう。

豊橋・羽田八幡宮文庫

豊橋にあった「羽田八幡宮文庫」は、公開された文庫として著名である（田崎哲郎「市民的図書館の先駆」『地方知識人の形成』名著出版、1990）。この地域の俳諧仲間を中心とした町人たちのサークルが文庫設立の背景にあり、1848（嘉永元）年このサークルのメンバーの一人、羽田八幡宮の神職であった羽田野敬雄が仲間にはかって羽田八幡宮境内に文庫をつくり、蔵書を公開した。蔵書は多くの協力者から寄贈されるなどして

次第に増え,幕末には1万冊を超えるほどになった。

　文庫の横に小さな「本読み所」(松蔭学舎)がつくられ,閲覧所,講義所,茶室として利用された。規定上では貸出はしないことになっていたが,実際には2部10冊まで,1か月に限って貸出が行われていた。借りる際には証文を入れた。貸出期限が1か月なのは,借りた本を書写するためであろうといわれている。地域外の人たちも閲覧でき,著名人が立ち寄ることがあり,本読み所でその人の話を聞くこともあった。

　羽田八幡宮文庫の主宰者,羽田野敬雄は平田門下の国学者で,三河国における神祇復興運動に努め,また農事改善事業にも関心をもち,大蔵永常の著書などを蔵書としていた。その文庫設立運動は,こうした羽田野の幕末から維新期にかけての運動との関係でとらえるべきところである。

筑前・櫛田文庫・桜井文庫

　文政年間,筑前国に地域の住民にも公開された文庫が開設されている。1818(文政元)年,博多の櫛田神社に「櫛田文庫」(櫛田社文庫・桜雲館などともいう)が創設された。当時の町奉行や国学者の青柳種信,櫛田神社宮司などが,神職とその子弟のために開設した学館とあわせてつくったもので,書籍手入所と称する講義所兼閲覧室をもち,神職の子弟対象の授業がここで行われた。文庫の開設にあたって広く図書の寄贈を募り,多くの人々から寄贈されている。蔵書は貸出もし,貸出期限は1回30日であった(ここでも羽田八幡宮文庫と同様で,書写を考慮したのであろう)。一般の住民にも開放され,一時さかんに利用されたようであるが,1829(文政12)年ころ神社の事情によって閉鎖された。

一方，1825（文政8）年，志摩郡桜井村の桜井神社に大宮司によって，もっぱら神職とその子弟のために「桜井文庫」が開設された。閲覧所兼学館の仰古館がつくられ，毎月定期的に講座が開かれた。蔵書はかなりの部分を有志の寄進によっており，住民もこの文庫を利用することができた。文庫は明治はじめまで開かれていた（『福岡県史』通史編，1993）。

盛岡・稲荷文庫

　もう一つ，盛岡藩内の事例をみてみよう。二戸郡内福岡に呑香稲荷神社があった。7代目の神職が京都に遊学し，新たな学問文化をこの地にもたらし，人々に刺激を与えた。やがて1858（安政5）年，平田学派の影響下にあった人たちが中心となって，会輔社という結社がつくられ，ここに多くの若者が集い，勉学に励んだ。この若者たちを利用対象として，呑香稲荷神社境内に1862（文久2）年「稲荷文庫」が開設された。運営の経費は，関係者を中心に無尽講を設けて捻出した。図書の多くを江戸で求め，購入した図書は馬によって運んだといわれる。その蔵書は数千冊に及び，利用者は会輔社に学ぶ若者が中心であったが，文庫の評判が高まるにつれて，盛岡藩内各地から利用する人たちがきて，要望に応えて貸出もしていたと伝えられている（『二戸市史』第2巻，2001）。

寺社文庫の役割

　当時，神社の図書は一面では神宝として秘蔵され，神道研究に主たる目的があり，神職の研修，子弟の教育機関という性格があった。こうした文庫はこれまで場所が神社の境内にあり，文庫の主が神職であったため「神社文庫」とひと括り

にされてきた（岸本芳雄「近世における神社文庫存立の教育的意義」『図書館と出版文化』弥吉光長先生喜寿記念会，1977）。しかし同時に文庫の蔵書は周辺の人々の寄贈によるところが多く，また文庫が公開され，各地の学者との交流を深める役割をもち，さらに限定的であれ地域の住民も利用していたことからすれば，地域社会における共同の知的財としての性格ももちえたのではないか。その文庫を開いた動機はさまざまだったであろうが，いくつかの事例からも知られるように，殊に幕末の状況に危機感を強くもっていた神職がやむにやまれぬ気持ちで，時に若者を教育する場も設け，文庫を開くことがあった。緊迫した当時の世相を反映するものであった。

　寺院のなかでも，ことに大規模な寺院は多くの蔵書をもっていたが，その利用はもっぱら僧侶の学習研究のためのものであった（小野則秋『日本文庫史研究』下巻，臨川書店，1980）。ただ，地域社会に密着していた寺では，僧侶が時には村人の相談相手になり，子弟を教えたり（塚本学『地方文人』教育社，1977），文庫をつくって人々に公開した事例がみられる（地方史誌による）。

蓼園社の文庫

　文庫が生まれるきっかけは多様であった。前橋藩，原之郷村の船津伝次平のもとに俳諧をめざす農民が集まり，蓼園社という結社がつくられた。ここは集会の場であり，俳諧同人が集まる場であったが，それにとどまらず，村の子どもたちの教育の場とするとともに，あわせて「ほみくら」つまり文庫を併設しようとして，図書の寄贈を呼びかけている（高橋敏『国定忠治の時代』未來社，1991）。

水戸・紺屋町文庫

　水戸藩では、城下の町医と町人有志が1839（天保10）年、水戸の町にも学館と文庫を建設したいと藩に願い出て許され、翌年文庫が建設され、「紺屋町文庫」と名づけられた。また、いつのことかはっきりしないが、同じ場所に学館麗沢館ができて、この文庫は麗沢館の文庫と位置づけられていたようだ（瀬谷義彦『水戸藩郷校の史的研究』山川出版社，1976）。

　このように、後の図書館と類似した性格をもつ文庫が誕生し、公開されていたことは、十分に注意しておきたい。その設置場所は神社の境内であったり、利用者がその地方の文人に限られるものや、農村で庶民を対象にしたものなど、その形態はさまざまであった。近世における身分的、地域的な束縛があったにせよ、文庫の誕生は知の共同の場の形成にほかならない。これらを通して結ばれた人間関係は、旧来の共同体的なものとは異質で、結社的な人間関係の誕生と成長をうかがわせる。明治以降の地域における図書館の成立について考えるうえでも注意されるところである。

2.5 郷学の文庫

　多くの藩には藩校があり、文庫をもつところは少なくなかった。しかし藩校は武士のためのものであり、その文庫は藩校で学ぶ人のためのものであり、地域社会に開放されていたとはいえない。これに対して、幕末さかんに設置された郷学（ごうがく）は多様な性格をもっていた。藩校の分校として設置された場合もあれば、村の名主層が設置にかかわった場合もあり、運

営形態はまちまちであった。校舎だけがあり、月に1回程度授業が行われ、藩校から教師がきて教えるという例もあった。校舎は授業のほか、各種集会に利用されていたようである。テキストをもつ郷学は多かったようであるが、それだけでなく蔵書をもつ郷学もみられた。

　水戸藩にはしっかりとした書庫をもつ郷学があった。近世後期、幕末になると、15の郷学が藩内各地につくられた。これらの郷学の成立事情はさまざまで、医学の勉強の場としてつくられたもの、藩の意向によってつくられたものがあったが、いずれも数多くの図書をもっていた。文庫運営のために、基金や図書の寄付を住民から募り、それによって蔵書が整備され、管理者を置き、蔵書目録をもち、貸出簿を備えつけていた。また大子郷校では書庫を別にもっていた。ここでは村の上層だけでなく、一般農民の子弟も学んでいた。郷学の文庫はいわば学校図書館ではあったが、地域社会との結びつきが強く、そこに特徴があった（瀬谷義彦、前掲書）。

　なお、村人が村の社会教育機関として設置した郷学として、大坂の含翠堂（がんすいどう）がよく知られている（津田秀夫「含翠堂の研究」『近世民衆教育運動の展開』御茶の水書房、1978）。村人の学習の場であるとともに集う場であり、同時に文庫をそなえていた。

2.6 貸本屋と庶民の読書する姿

　出版された図書の多くは、貸本屋を通して流布した。江戸時代も後半になると、都市とその周辺では多くの人が読書の楽しみを覚えるようになる。そこに貸本屋が大きな役割を果たした。普通貸本屋は背中に貸本を入れたケースを背負い、

10日に一度ほどの間隔で客の間を回り，図書を取り替えるとともに，図書の万屋として修繕・売買にも応じていた。

なかには店をかまえていた貸本屋もある。温泉で営業していたものもあれば，名古屋で東海道筋に店を開き，大いに繁盛した大惣（だいそう）のような例もある。ここは大野屋惣八が1767（明和4）年に創業し，1898（明治31）年まで続いた。東海道筋に店があったので，往来する客でついでに立ち寄る人も多く，店の片隅で一日中本を読んでいる客もいたとのことである。

大惣は他の店と違って，顧客がひとわたり読み終わっても本を売ることはしなかった。そのため，廃業したときには約2万冊の図書があり，そのなかには数千冊の置本，つまり複本があった。よく読まれた図書は複本を置いていたのである。利用者には好みがある。よく読まれたのは，小説（洒落本，人情本，戯作など），絵入り軍書，敵討ち，浄瑠璃本，名所記などであった。そして里見八犬伝，真田三代記などの歴史物，三国志，水滸伝，西遊記など，中国の物語への好みがはっきり現れている（長友千代治『近世貸本屋の研究』東京堂出版，1982）。これらは講談，のちの大衆小説に対する人々の好みへと展開していくと考えられている。こうした貸本屋の活躍ぶりは，今日の公共図書館と対比してみられている。

図書を借りた人たちは，暇に任せて読んでいる。その一端を長友千代治は川柳に現れる「庶民の読書生活」（前掲書）で描いている。その一部を引用させていただく。

　寝ころんで見てこそ栄花物語
　唇で双紙を繰て肘まくら
　物の本口で返する火燵哉
　けふは書物の中にお昼寝

しどけない読み方だが，読書に耽溺している姿がある。ここまで，庶民の読書が行き渡っているといえよう。

近代への距離はほんのわずかといってよい。

2.7 大名，藩校の文庫など

(1) 貴重な古典籍の保存と伝来

徳川家康は自身の学問への関心から，また治世のために，図書の収集・保存・刊行に意を用いた。1602（慶長7）年江戸城に，ついで1607年にできた駿府城にも文庫をつくった。古典の普及にも力を入れ『孔子家語』や『貞観政要』などを刊行した。また大坂冬の陣（1614年）のさなか，院御所，公家，門跡などの所蔵する古記録を五山の能書の僧侶に書写させ，江戸城の文庫，駿河文庫に所蔵した。家康はまた林羅山に命じて儒書を求めている。家康のもとには多くの典籍が多方面から献上された。

江戸城内に置かれた文庫はのちに紅葉山文庫といわれた。多くの貴重な古典籍を蓄積し，火災を幸いまぬがれるなど関係者の努力によって保存されて明治に至り，その後内閣文庫などで保存されて今日に至っている（福井保『紅葉山文庫』郷学舎，1980）。

駿河文庫の図書は家康の死後，尾張・紀伊・水戸の御三家に分与された。分与を受けた御三家は，この御譲本を基礎にそれぞれ文庫をつくった（川瀬一馬「駿河御譲本の研究」『書誌学』第3巻4号，1934.10）。尾張藩はこれを城内の文庫に収めたが，今日「蓬左文庫」として知られ，公開されている。水戸藩の文庫は水戸光圀の『大日本史』編纂事業と切り離せないが，

2章　近世社会と地域の図書館……59

その後も蓄積され,「彰考館文庫」として知られている。紀伊藩では最初は秘蔵していたが,藩校(学習館)に文庫を設け,ここに御譲本を入れて学問の振興を図ったほか,城内に「偕楽園文庫」を設けた。紀伊藩の文庫は,明治以降に東京・麻布で「南葵文庫」として公開された。

　その他の諸藩でも図書の収集に関心をもち,文庫を創設して図書の保存と製作に尽くした藩主がみられた。ことに著名な文庫は加賀藩主前田家の「尊経閣文庫」である。

　文庫創設のきっかけは,将軍の儒学振興策に呼応した場合や,藩主の個人的な関心や好みに基づく場合があったが,江戸時代後半になると,次第に崩れていく藩内秩序回復のための理論的な支柱を求めて儒者を招くとともに,関連図書の収集に力を入れ,儒学の振興を図った場合もあった。

　集積された図書は,藩校の文庫に貸し出されて利用されることもあった。多くの文庫が幕末維新の動乱期に散乱,焼失したが,戦乱をくぐり抜け,さらにその後の災害,戦災を耐えて,今日県立図書館などに維持・保存されているものがみられる。

　ところで,幕府は公家に対する支配を強め,公家の家職を幕府が認知するという手続きをとることによって統制下に置き,その活動範囲を学問,芸能の世界に限った。公家たちはその限定された世界で伝統を守るとともに,細々と図書の伝達・保存に努めていた。江戸時代初期のころ,関白・摂政を務めた近衛家熙は,近衛家代々の貴重な図書記録類を,応仁の乱などに際して,38匣に分けて入れて分散して預け,難を避けてきたが,幸い今日まで来ることができた。今はそれらを駆使して,朝廷における行事に必要な情報を提供できる

のだともいわれている(『槐記』)。こうして護り継がれてきた貴重な図書の一端は,「陽明文庫」にみられる。

(2) 藩校文庫

諸藩が設置していた藩校は多くの場合蔵書をもち,文庫をもつところもあった。文庫をめぐって少し述べておきたい。以下,典拠を示さないものは『日本教育史資料』(文部省,1890-1892)に拠っている。

文庫係の名称

藩校の文庫では「教授之ヲ管轄シ,助教其出入ヲ監察ス」というように,教員が責任をもつ例がしばしばみられる。また,書記が文庫の仕事もしていた事例もあるが,蔵書の多い文庫では専任の係を置いていたであろう。係の名称はさまざまであった。書物奉行,典籍,書籍方,書籍司,司籍,司典,司書,掌書,書籍出納書生,学校書物頭などがみられるが,なかでも典籍の使用例は多い。

しかし注意したいのは司書であり,これに近い表現の司籍,司典であろう。元来,司書という言葉は『周礼』にみえ,会計の簿書をつかさどるもので,書記のことといわれている。

司書は庄内藩,亀田藩,和歌山藩の藩校にみられる。幕末の慶応年間から明治初年にかけて行われた藩校の改革にともない,職制も再編成された。そのなかで佐賀藩校では司書(「佐賀県」『近代日本図書館の歩み 地方篇』日本図書館協会,1992),岸和田藩校では司書役が置かれた。

亀田藩の場合,明治維新前は教授10名,準教授10名,司書無定員,書記,維新後は教授10名,準教授20名,司書

15名と書かれている（教授6名，準教授10名，司書兼書記6名ともいわれる（『秋田県教育史　第5巻　通史編』1985））。維新前の司書は，書記が別にいるので文庫の係かと思われるが，「無定員」なので実際に置かれていたかどうかはわからない。維新後は少なくとも司書に書記が含まれていたのであろう。

　福岡藩の学校（脩猷館）の場合，句読師10名がいて，そのうち8名は司寮，司儀，司書であると記されている。この司書は書記の意味であるかもしれないが，あるいは文庫の係を兼務したかもしれない。

　庄内藩，岸和田藩，佐賀藩の藩校にみえる司書は，書記の意味ではなく文庫担当の職名として使われている。庄内藩の藩校，致道館には祭酒，司業，助教，典学，句読師，司書などがあり，司書は2名，書物を取り扱うとされた。助教は教師，典学は事務をつかさどるとともに教育にも携わった。司書から典学に転じた人もいて，教師への道もあったようである。和歌山藩の江戸藩邸に置かれた明教館（のち文武場）の事務方に，勧学・目付・司書（2名）があった。慶応年間に文武場と改称したとき事務官の名称を変更し，そこには書記2名，肝煎1名とあるが，司書はない。佐賀藩では教授，諸学教授，諸学教導などとともに司書が置かれ，官籍の整理出納をつかさどるとされている。ここでは江戸時代，藩校の図書を扱う係は書記となっている。岸和田藩の場合，1870（明治3）年，それまでの講習館を文学館と改称したときに司書役が置かれており，図書の出納にあたるとされている。

　図書を扱う職種の藩校のなかでの位置づけは，例えば庄内藩校の，祭酒・司業・助教・典学・句読師・司書，という序列のように，下位に属する場合が多かった。また，幕末・明

治初年の職制再編成にともなって,名古屋藩の明倫館,米沢藩の興譲館の場合のように,教員系列に位置づけられている事例もあるが,一般的には職員の系列に入っていた。

なお,江戸時代より前に司書という名称が文庫などの図書担当として使われていたかどうか。いくつかの辞典や索引をみたが,調べた範囲ではみあたらない。『正倉院文書索引』(平凡社,1981)には「司書」が検索語として採用されているが,これは誤りで,司は造東大寺司のこと,書は畫で,畫(＝画)師のことであり,造東大寺司という役所の画師の略である(小川徹「こぼればなしひとつ」『大学図書館問題研究会東京支部報』131号,1988.11)。

書庫と蔵書

文庫の蔵書は増えると書庫に収めていたが,書庫は講義の行われた講堂に接して置かれる場合もあれば,講堂や教場,事務室などの棟から離れた場所に建てられる場合もあった。書庫は1棟が普通であったが,水戸藩弘道館,庄内藩致道館などいくつかの藩校には2棟あった。書庫が教場や講堂に近い場所にあるのは,いわば学習用の図書を収蔵している場合で,離れたところに建てられた書庫は貴重な,または専門的な図書の収蔵庫であったのではないか,と石川謙はいう(『近世の学校』講談社,1957)。

書庫は何より火事が心配であった。一般には,火事から貴重な器物を守るために,書庫は教場や他の建物から離れて置かれ,しばしば武器庫などと並んで建てられた。文字どおり「倉」である。火事の際に図書を守るため,窓に目塗りをした。その目塗りのための土があらかじめ用意されていた。その土

に水をうち，湿り気を保たせることも文庫の係の仕事であった（『三重県教育史』第1巻，1980）。

　蔵書は漢籍が中心であったことはいうまでもない。しかし，和本を多く所蔵していたところもみられる。幕末には，蘭学・英学関係の図書を所蔵するところが現れた。「洋籍」「洋書」という表現がみえる。

　それでは洋書の配架はどうしていたのか。漢籍や和本は横積みで箱に入れていたが，洋書はわずかの冊数の場合は机に置いていたと思われる。ちなみに，司馬遼太郎は小説『花神』で，大坂の適塾では，緒方洪庵が長崎で求めた，当時たった1種類しかない『蘭日辞典』の筆写本を一室に置いて，その部屋を「ズーフ部屋」と呼んでおり，読みたい人はその部屋に行かなければならなかった，と書いている。学校図書館の原点のようにも思えるが，筆写本ながらぽつんと1冊机のうえに置かれている様子は，当時の「洋書」の扱われ方を表していて，小説ながら興味深いものがある。洋装本の扱いも同様であったろう。ある程度の冊数になれば立てて置いたとも思われるが，今日普通に図書館で目にするような書架は，いつごろから使われはじめたのであろうか。

　分類は，漢籍の場合は経子史集が普通で，和書はまちまちであった。彦根藩校では「皇典」として神書・正史・雑史・記録・有職……随筆・雑書と35に分類し，「外国籍」として経子史集のあと字書・語書……雑書・医書・翻訳，と15に分類している。

　多くの藩校では蔵書は少なかった。幕末の緊張した情勢のもとで，大あわてで藩校をつくった場合，蔵書がないところも少なくなかったようである。また，度重なる転封によって

蔵書を失った藩も多く、さらに「蔵書数百部、悉皆焼失」とか、「蔵書二百三十九部。数度ノ火災ニテ焼亡」のように災害・火災によって蔵書を失った場合もしばしばあった。他方、相当の蔵書をもっていた藩もある。岩村藩の「経書及和漢歴史諸子伝類並ニ字書等頗ル全備」とか、会津藩の「大凡三千部、和漢ノ書籍最モ多ク一モ備ハラサルモノナシ」と考えていた藩もあった。彦根藩は、弘化元年調べでは内外国籍1,500部（2万余巻）をもっていたとのことである。

藩校では一般に利用規定があったが、図書は貴重な財産として扱われ、規則で図書は汚すな、破損するなと厳しく戒めていた。閲覧の手続き・取扱いは慎重・厳重であった。利用は「拝借」と呼ばれ、蔵書の外部への持ち出しは通常禁じられていた。また印刷・製本を行う藩校もあり、必要なテキストブックなどは版木を揃えて、必要に応じて制作、販売したり、複本として備えて貧窮の学生に貸与した事例もみられる。

幕末維新の変動のなかでも、多くの藩校は明治初年まで存続したが、その間戦乱に巻き込まれて蔵書が散逸してしまった例もあった。廃藩によって蔵書、目録ともに散逸した例も多かった。国や県に蔵書を移管した場合もあれば、県の許可を得て売却された場合もあった。柳川藩の伝習館には「無慮二万巻」をくだらない蔵書があったが、明治5、6年ころ、ことごとく「安価ヲ以テ売却セリ」「当時此文庫ヲシテ後世ニ伝ハラセシメ以テ地方ノ書籍館トナシ永ク是レカ保存法ヲ図ラサルハ寔（まこと）ニ惜ムヘキ也」と嘆きの声が伝えられている。

参考文献（県市町村史誌は略した）
　太田富康「幕末期における武蔵国農民の政治社会情報伝達」『歴

史学研究』625号，1991.11

　小野則秋『日本図書館史』補正版，玄文社，1976

　小野則秋『日本文庫史研究』下巻，臨川書店，1980

　川瀬一馬『日本書誌学之研究』講談社，1943

　橘川俊忠「在村残存書籍調査の方法と課題」『歴史と民俗』4号，1989.6

　今田洋三『江戸の本屋さん』日本放送出版協会，1977

　定兼学『近世の生活文化史』清文堂，1999

　杉仁『近世の地域と在村文化』吉川弘文館，2001

　竹内誠編『日本の近世14：文化の大衆化』中央公論社，1993

　横田冬彦「近世村落社会における＜知＞の問題」『ヒストリア』159号，1998.4

　横田冬彦「近世の学芸」『日本史講座　第8巻　近世社会論』東京大学出版会，2005

　『歴史評論：特集／日本近世の書物・出版と社会変容』664号，2005.8

第 II 部

公共図書館の始まり

近代社会と図書館の歴史

3章 近代への歩み

　近代への転換について考えるためには，公共図書館に先行する近世の読書施設，あるいは知識・情報を入手し，伝え合うシステムの変容のプロセスをたどることになろう。近世社会では，情報の交換や蓄積は基本的には閉ざされた共同体の範囲で行われた。そのため，情報を入手するために一定の社会的な要件を充たす必要があった。結社，講，若者組などはその代表的なものであるが，これらのシステムは近代化とともに民権結社，青年会のような開かれた共同体へと変化していった。このような前近代における経験と近代における公共図書館との間に継続性，あるいは断絶があったのかもテーマになるであろう。しかし，この本ではわずかふれるにとどまった。今後の課題としておきたい。

　また，近代への入口において，人々は労働から解放された時間を過ごすため，誰もが知識・情報を得られる場として，地域に図書館をもつようになった。図書館は地域に根ざした活動によって，地方文化の拠点となりうることが次第に明らかになった時期でもあった。

　この章ではこれらのことを念頭に置きつつ，従来見落とされてきた事柄，例えば司書という職名，書架，書庫などについて，それらがいかなる経過をたどって定着，普遍化してきたのかを整理した。これによってこの国の図書館の近代化が，

単なる西欧思想の移入ではなく，近世以来の（あるいはそれ以前の）さまざまな系譜のうえに構築されたことが理解できるのではないか。

3.1 地域に生まれた図書館

19世紀後半以来の開国，旧体制の崩壊，明治政府の発足（1868年），欧米の文物の流入，激動する社会のなかで，人々に多様な知識・情報を提供する新たなメディアとして新聞・雑誌が生まれた。図書もまた，伝統的な和装本は洋装本に交代していき，その流通の仕組みも変わっていった。有料・無料の新聞縦覧所，新聞茶屋（東京・浅草），あるいはコーヒーハウスを模した中国人が経営する可否茶館（東京・上野），さらに書籍縦覧所，集書会社（京都）といったさまざまな読書施設が各地に生まれた。自主的な読書の場とともに，新聞を通して国の政策を伝達することを目的としたもの（山梨県，新聞解話会など）も少なくなかった。

仲間で読書・議論を楽しむさまざまな形態の読書会，自由民権期の結社など，多様な活動を行う組織は少なからず読書施設をもっていた。これをみると，まず「仲間図書館」として図書館の原型が生まれたということに気づかされる。例えば，函館では明治10年代，本好きの函館の役人たちが中心になった読書会「共覧会」（後に思斎会）が生まれ，会はいずれ函館に「共立書籍館」をつくるという目的を掲げていた。曲折はあったが，その意志は後に区立函館書籍館に引き継がれた（『近代日本図書館の歩み　地方篇』日本図書館協会，1992　以下「歩み」）。同様の事例は数多くみられる。山形県谷地町で

は1885（明治18）年，東京に出て学び，事業を起こし成功をおさめ，一時この地に帰郷していた青年実業家の呼びかけで，青年たちが谷地読書協会を設立した。その設立趣意書はいずれ「谷地図書館」を設立したいと記しており，それは大正期になって実現した（『河北町の歴史』中巻，1966）。

ここには江戸時代の，地域の人々が仲間をつくって学び，知識や情報を共有する伝統，それに必要なシステムとしての文庫を設立した経験が受け継がれているように思われる。まず「仲間図書館」として生まれ，そのうえで開かれた図書館をめざし，部分的にはそれが実現しているところに，前近代からの連続面をみることができるのではなかろうか。

小林文雄は，『八戸市立図書館百年史』（1974）によりつつ，江戸時代の八戸藩士がつくった「書物仲間」が現在の八戸市立図書館の母体となっていること，言い換えればこれを近代の図書館活動の前身・先駆と位置づけていることを重要な指摘ととらえた。そして，「近世段階の達成を近代に連続して捉えられるかどうかという点も含めて，歴史学でもこの主張をきちんと受け止め，実証を重ねていくことが要求されよう」と述べていることに注意しておきたい（「武家の蔵書と収書活動：八戸藩書物仲間の紹介」『歴史評論』605号，2000.9）。

こうして，多様な姿で原型としての図書館が生まれたが，民衆の自生的で自立した活動を厳しく統制した政府の政策の結果，自由民権結社のように姿を消してしまった。他方で，政府は海外の図書館事情を吸収し，1872（明治5）年，後の帝国図書館の原型となる書籍館を設立し，1877年に文部大輔の田中不二麻呂が「公立図書館ノ設立ヲ要ス」を発表した（『文部省第4年報』）。次第に図書館普及の機運が高まり，各地

に図書館が生まれていった。ここではおおまかに村の図書館、都市の図書館の役割をみてみることにする。

(1) 農村の図書館

　明治期の農政は、しばらくは定まらず二転三転したが、やがて地主制度を根幹とした伝統的な農法によるものとなり、これを支えるため1910年に帝国農会が設置された。個々の農家の自主独立の経営を前提とする農法は否定された。そういうなかにあって、明治20～30年代には自主的な農事改良運動が各地でみられた。その一つが津田仙の活動であった。

　津田は東京・麻布に学農社をつくり（1875年）、農学校を開設するとともに、『農業雑誌』を通して全国の中堅地主層に呼びかけて農事会を村につくり、農事改良を進めることを提唱した。津田は、農事会に情報交換と知識を吸収する場として読書施設、図書館を設けることを勧めた。これに呼応して、1880年に生まれた長野の松本農事会は農学校を開設し、月報を発行し、松本城跡に書籍縦覧場を設けた。こうした試みは各地にみられたが、帝国農会を頂点として、その支部を通して農家をしめつける農政の圧力の前に、次々に押しつぶされてしまった。津田とその後継者たちの努力にもかかわらず、各地の農事会は姿を消していき、松本農事会も1897年解散に追い込まれた。そうしたなかで、明治はじめに刊行された各種の農業関係雑誌は早く廃刊してしまうのであるが、津田が創刊した『農業雑誌』は1920年まで続いた。

　農村では農業生産と結びついた図書館、その原型となる施設の活動は展開することなく消えていったが、別の性格の図書館が生まれている。明治20～30年代、ことに日清・日露

の戦役後，青年たちが村の有力者，小学校長らの後押しで図書館を立ち上げ，仕事の合い間をぬって運営するようになった。それは，かつての若者組の伝統を引き継ぐ集団に置かれ，一人前の大人になるための訓練の場の一部を構成した。その集団では架橋，河川道路の補修，共同耕作，祭礼への参加と風儀の改善，奢侈怠惰の矯正，勤倹貯蓄，時間厳守，夜学校の組織，補修学校への参加などが求められた。図書館は青年たちの精神修養の場で，かれらは読書し，議論しながら知識・情報を共有・交換した（奥泉和久「青年会と読書運動：明治20年代を中心にして」『図書館学会年報』35巻4号，1989.12．同「日清戦争後の地方青年会と図書館活動」『図書館学会年報』36巻4号，1990.12）。

　もっとも「共有」といっても，「複本」を整えるところまでには至らなかったであろう。例えば，竜丘村（現・長野県飯田市）の青年会では，農作業を終えて夜分図書館に集まった青年たちが，時に1冊の雑誌を順番に立ち上がって読み，車座になって聞いている出席者は質問したり，触発されて議論を始めたりした。このような形式の訓練は，明治末年から大正期にかけての青年団の確立とともにさかんになり，政府による統制が強まり，画一的な国家主義への傾向を次第に強めていくなかでも長く続いた。

　図書館は青年会の集会所の一室があてられる場合もあったが，小学校の一室の場合も多く，維持費もほんのわずかで，年間に購入できる図書・雑誌は限られていた。購入時期は年に何回かしかなく，年末のみという例もあった。青年たちはわずかな予算のなか，書店主に来てもらい，あるいは書店に行って真剣に，しかし楽しんで選書していたようである。

　開館は普通は農閑期，それも10日ごとであったりした。

農繁期は閉館するか，日を決めて夜間開くこともあった。維持・管理は，本の補修も含めて青年たちの共同作業であった。そこは集まった人々の歓談の場ともなり，本の貸出もした。これらの文庫・図書館のなかには，やがて村立図書館になるものもあったが，その維持・管理は多くの場合，専任の職員がいないまま青年たちにゆだねられていた（小川徹「飯田における調査の中間報告」『図書館界』51巻3号，1999.9）。

こうした図書館には，堅苦しい本だけでなく『キング』や講談本なども入ってはいたが，青年たちの精神修養を目的とするものが中心であった。村の生産活動・生活に必要な知識・情報に関する図書・雑誌もなかったわけではないが，それらを集積し，利用に供する役割は基本的にはなかった。人々は昔からのしきたりのなかで生活をしており，また生産に必要な情報の提供・指導は国から地方へ，帝国農会の支部へ，地主から小作人へという，たての系列で行われていた。

(2) 都市の図書館

都市に生まれた図書館は，都市の形成過程・規模によっていろいろな例がみられるが，1908年に日比谷図書館として生まれた東京市立図書館が典型的な事例である。人々の都市生活をサポートすることを目的とする，都市における図書館のありようをここにみることができる。1914年，館長（翌年より館頭）に就任した今沢慈海は，その意味を理解して図書館の経営にあたっている。

都市における図書館の役割については，『米欧回覧実記』に久米邦武が書きとどめている。1871（明治4）年，右大臣岩倉具視を特命全権大使とする「岩倉使節団」は横浜を発ち，

アメリカ，ヨーロッパの各国を歴訪して，1873年帰国したが，その報告書がこの書である。使節団はアメリカ，イギリスを経た後パリに着いた（1873年1月）。パリ滞在中は工場村を視察した。そして，久米は都市がつくられるなかで，図書館がさまざまな店舗などとともにできていく論理について書いている。都市に工場ができるにともない，職工が集まる。この職工に家を与える「職工市街ノ法」が必要であり，職工のために家屋を建築し，貸与する（いずれお金をためてかれらはこれを購入するという）。道路をつくり，街灯をつけ，公園をつくり，教会，学校を設立する。そこにパン屋，肉屋，割烹，浴場，理髪店，洗濯屋，衣服店，応用品の商店が生まれ，「書籍ノ縦覧所モ，従テ興リ」と記されている（第44巻：巴黎府ノ記3）。これはフランスで訪れた工場村のことであるが，同様の工場村はイギリスにもあり，一行はそこをも訪れている（工場村のことは，小林巧「一九世紀イギリスの工場村：ソルテヤをめぐって」『経済集志』44巻3・4号，1974.10）。

　前近代の産業の基本である家族を単位とする農業生産においては，生産・労働の場・時間と，そこから解放されて過ごす場・時間とは未分化であり，前者のための知識・情報と後者のためのそれとは基本的には分離していない。例えば農書には各地で口伝をもとに，その地にふさわしい知識・情報がもられているが，農業技術と生活上の工夫とは分かちがたく描かれている。

　これに対して，産業革命によって生み出された工場制機械工業のもとでは状況が一変する。労働のための場と時間は，工場労働から解放され，地域に戻り消費生活を営む場・時間とは分離される。労働の場における情報はその閉鎖空間に置

かれ,地域社会におけるオープンな情報空間とは分離される。地域社会は人々が労働から解放され,休息と自由な時間を過ごす場（なにより労働力の再生産と生産のための場）としての役割をもっている。地域社会には,そのために必要な社会的システムが次第に整えられていく。図書館は休息と自由な時間を過ごすうえで必要な知識と情報を得る場であり,そのために近代になって地域社会に公共図書館が成立していったと理解できる。言い換えれば,地域社会において人々が必要とする知識と情報を提供する社会的分業体が,社会的共同生活手段の一つとして成立したのが公共図書館である。

　都市で生活を営むようになった人々を対象とした東京の市立図書館は,明らかにこうした意味での役割を担うものであった。その詳細は5章に譲るが,今沢慈海はそのミッションを実現していった（東京市立日比谷図書館『市立図書館と其事業』1921-1939,奥泉和久「『市立図書館と其事業』の成立と展開」『図書館界』52巻3号,2000.9）。

3.2 近代の図書館に求められるサービスをめざす工夫

　明治期,各地につくられていった図書館は,厳しい環境のなかでどのような工夫をしてきたのか,その歩みもまた図書館の歴史をかたちづくるものであるが,十分に明らかになっているとはいいがたい。以下思いつくままに述べてみよう。

(1) 最初の図書館の姿
　江戸時代,豊橋の羽田八幡宮文庫の本読み所や貸本屋（大惣）の店先で図書を読むということもあったが,普通は自宅

で貸本屋や友人・知人から借りて読み，書写して自分のものにしていた。そういう歴史のなかに，海外から閲覧室，出納システム，書庫がセットになった図書館の姿が持ち込まれ，新たに図書館への模索が始まった。

　1872（明治5）年，京都では書店主の村上勘兵衛らが集書会社を設立，京都府が設立した集書院の運営にあたることとなり，翌年開設した。集書院は西洋風の2階建ての建物で，1階は土間，板敷きの間，畳敷きの詰め所，2階に書庫と閲覧所がある。床張りで中央に長方形の卓があって，閲覧台が置かれていた。書庫として特別な区画があるわけでなく，昔ながらの本箱が並んでいて，人々は自由にほしい本をそこから取り出して卓で読み，終わったら元のところに戻していた。竹林熊彦は，これはいわゆる開架方式とも称すべきものであろうか，といっている（竹林熊彦『近世日本文庫史』大雅堂，1943．復刻版，日本図書館協会，1978）。

　1872（明治5）年にできた書籍館は，東京・湯島聖堂内で一時文部省の講堂とされていた建物に書庫を置き，そこから渡り廊下で行った先に「観書室」を設けていた（『上野図書館八十年略史』所載「湯島の書籍館平面図」）。書籍館は曲折の後に，1875年東京書籍館として東京・湯島の大成殿で再開した。ここでは大成殿の中央を閲覧スペース（「展覧の処」）とし，東西の両側に「書函」を並べて書庫スペースとした。後に閲覧者が多くなったので，東西の回廊を修理して「読書の室」とした（『東京書籍館年報』明治8年報）。明治9年報には「テーブル21」「椅子150」とある。

　利用にあたっては，図書館によって有料・無料ともにあったが，最初は有料が普通であり，後に無料の図書館が現れた。

(2) 開館日と開館時間

　明治初頭，上記書籍館の場合，休館は「大祭日並節句ヲ除クノ外，毎日借覧相成候」とあり（同館書冊借覧規則），同年滋賀県にできた集書館も「大祭日并佳節朔望ハ休業」となっている（竹林熊彦,前掲書）。書籍館は1880年に東京図書館（後の帝国図書館）となってからも，定期閉館日は年末年始と紀元節，天長節，曝書（8/1〜15），館内掃除（4/15〜21）であった。後のことになるが，東京市立図書館の休館日は，大掃除日（毎月14日），紀元節，天長節，市役所開庁記念日，天長節祝日，曝書期（8，9，10月中5〜10日），年末年始であった（『市立図書館と其事業』1号, 1921.10）。これに対して，毎週月曜日を休館とした最初の図書館は，秋田県立秋田図書館（1900年）だったようである。

　開館時間は，書籍館では「朝八字ヨリ夕四字迄」とある。この図書館は東京書籍館となり「毎日午前九時を以て開き，午後第五時をもって閉」じていたが，1876年夜間開館（午後10時まで）を始めた。当時の回想記に「夜になると，西洋蝋燭を抱へた使丁が閲覧者の机上にそれを分配し，閲覧者はそれを燃して書をよみつづける」とある（『上野図書館八十年略史』(1953) 所引：柳田泉『幸田露伴』（中央公論社, 1942）より）。この図書館はさらに東京図書館となり，1885年上野に移ってしばらくして朝7時から開館するようになり，1897年に電燈が入ると午後10時まで開館した。

　京都の集書院の場合「午前第八時に開き午後第五時に閉ず」，滋賀県の集書館の規則には「書籍縦覧ハ朝第六時ヨリ晩第六時ニ限リ」とみえ，さらに「夜間読書ノ灯油并ニ衣具等ハ，自カラ之ヲ購フベシ」とある。

県立秋田図書館の場合，4月から9月までは朝7時開館，午後6時閉館で，10月から翌年3月までは午前9時開館，午後4時閉館であった。東京市立図書館については次章で詳しく述べる。

　閉館日，開館時間ともに多様な姿が見受けられる。一方，農村の青年たちが運営していた図書館は，先述のように農閑期が開館日，農繁期は閉館，あるいは日を決めて夜間のみというように，都市とは開館時間がまったく違っていた。

(3) 閲覧する姿

　閲覧室はやがて畳敷から床張りとなり，閲覧机・椅子が入る。閲覧机は最初は閲覧台と呼ばれていた。多人数で一つの大きな机を囲んで閲覧するという経験は初めてであったろう，利用者は緊張を強いられたのではないかと思われる。初期は利用者の多くは学生，官吏や軍人，商工業者，その従業員で，女性はほんのわずかであった。婦人用の閲覧室や閲覧台は別であった。

　書籍館の規則には，「館内之書ハ日々来テ看読シ或ハ抄録スル等ヲ許ス」，「館内ニ於テ高声雑談不相成者勿論看書中発声誦読スルヲ禁ズ」とある。昔から本は借りてきて書写して返すのが普通であった。その習慣が続いていて，図書館で書写する人は少なくなかったようである（松本哉『幸田露伴と明治の東京』PHP研究所，2004）。

　もう一つの「看書中発声誦読スルヲ禁ズ」は，東京書籍館の1875年の規則でも「館内ニ在テハ誦読ヲ禁ジ」となっているが，のちに「黙読」さらに「音読（中略）ヲ許サス」（東京図書館，1880年）と変わる。これは，永嶺重敏がすでに論じ

ているところである(『雑誌と読者の近代』日本エディタースクール出版部,1997)。永嶺は図書館における黙読の問題を,前近代的な読書(音読・共同体的読書)から近代的な黙読・個人的・孤独な内省的な読書への転換と重ね合わせながら考えている。「誦読」という言葉が最初使われていたが,この言葉は漢学の世界で基本的な文献の暗記のために繰り返し読むことを意味している。規則が「誦読」から音読禁止,黙読へと変わっていったのは漢学からの脱却を意味し,「誦読」が意味をもたなくなったからであろう。しかし明治期,長らく音読は続いた。図書館でも利用者がついつい音読してしまう癖はあったことであろう。

　ところで,図書館では閲覧という言葉が一般的に使われている。明治期のはじめ「縦覧」「看読」「繙閲」「展閲」「展覧」「覧閲」などが使われていたが,明治10年代「閲覧」が使われはじめ,これが一般化した。辞書でみるとわかるが,「閲覧」には読書という意味とともに調べるという意味があり,こういう意味をもつ言葉が使われるようになったのは,図書館が単に読書をする場ではなく,調べるところでもあるという理解が深まっていったこととかかわりがあるだろう。どのレベルの図書館であれ,読書とともに調査研究を手助けする役割があり,「閲覧」という用語が定着するだけの役割が理解されていたといえるのではないだろうか。

(4) 専門職名として司書の誕生など

　図書館が近代的な組織に変わるなかで,専門職としての職員を司書と称するようになった。しかし,なぜ「司書」という職名が採用されたのだろうか。

近代初頭，専門職としての図書館員を司書と呼ぶようになるまでに，図書館員にはいろいろの呼び名が使われていた。その最初，書籍館の規則に「館吏」という表現があり，外国の図書館事情を紹介するなかに吏員（「米国教育局年報抄」『教育雑誌』23 号，1876.12.27）がみえるが，これらは専門職としての職員についての呼び方ではない。他方『仏国学制』（1876）の掌書・副掌書，『米国百年期博覧会教育報告』（1877）の司者は，専門職としての理解のうえでの訳語であろう。

　1891（明治 24）年，東京図書館官制が改正され，館長 1 人，司書 6 人，書記 3 人と，はじめて「司書」が登場する。これは 1897 年上記官制が廃止され，代わって公布された帝国図書館官制では，館長・司書長・司書・書記となった。

　なぜ司書という用語が採用されたのであろうか。当時東京図書館長であった田中稲城の意見に基づくものであったのではないかと思われるが，不明である。ただ江戸時代，藩校の役職の呼称にしばしば「司□」（司憲，司堂，司庫，司寮，司計など）が使われており，文庫の係では書物奉行や典籍などとともに司典，司籍，司書がみえることが関心をひく。そして注意されるのは，司典が長州藩の藩校明倫館にみえ，司籍が岩国藩の藩校養老館，明治初期の学制改正で設立された藩立中学校で用いられ（田中稲城は岩国藩出身，藩校で学び，この中学校で学んだ），司書が佐賀藩校において明治初年の学制改正の際に現れていることである。いずれも書籍係として使われている。

　田中は 1888 年 8 月から 1890 年 3 月にかけて，命ぜられて欧米の図書館事情の調査研究のために留学した。その間に図書館の組織，専門職としての図書館員の存在，そのありよう

についても学んだことであろう。帰国して東京図書館長となった田中は，専門職としての図書館職員の職名を決める際，広く藩校の文庫係の名称にも目を向け，そこに司籍，司典，司書という名称があったことが田中の注意をひいたのではあるまいか。そして，東京書籍館が1880年に東京図書館と改称され，内務省図書寮（1875年），東京師範学校図書室（1878年），1881年に東京大学図書館(その内部では典籍掛が図書課)となっていること（『図書館ハンドブック』，「歩み」）などにみられるように，「書籍館」という言い方も「典」「籍」の字も文部省が使わなくなっていたことを考慮して，司書という名称を採用したのではなかろうか。

　1906年10月，図書館令が改正され，「公立図書館ニ館長，司書及書記ヲ置クコトヲ得」と司書が制度化された。1908年，東京帝国大学官制が改正されたときに，司書官・司書が図書館に置かれた。いずれの場合も，帝国図書館官制をモデルにしたものである。なお，まだ明らかにしえていないのは，司書の専門養成機関や統一的な試験がないなかで，何を基準にしてそれぞれの図書館が司書として職員を採用していたのか，というテーマである。

　図書館は規模が小さければ館長とわずかな職員だけで運営できるが，規模が大きくなれば職務分掌が次第に明確になり，司書とともに書記，給仕などで構成される組織となる。開架制度が普及せず，閉架制で出納方式であった時期，大型の図書館ではカウンターに座る職員とともに，書庫から求められた本を取り出してカウンターの職員に手渡す補助員，出納手を置くようになった。この制度を最初に導入したのは東京図書館であったろう。「書籍出納」という名前で生まれ，後に

出納手と呼ばれるようになり，最初は男児が採用されていた（西村正守「帝国図書館図書出納略史」『図書館研究シリーズ』17号，1976.2)。西村竹間は，東京図書館での経験をもとに「出納員ハ之ヲ受取リ助手（助手ハ児童ヲ用フル方敏捷ニシテ甚ダ便ナリ）ニ命ジテ庫中ヨリ其書籍ヲ出サシメ」と書いている（『図書館管理法』1892)。

　秋田県立秋田図書館の場合，その前身の秋田書籍館では最初館長のもとに司典，記録，司計がいて，後に書籍掛，庶務掛，会計掛となっている。1889年設立された県立秋田図書館では当初，館長，館員，守丁，小使，給仕となっていたが，のち書記，出納手が現れる（『秋田県立秋田図書館沿革誌』1961)。

(5) レファレンスサービスのこと

　明治期の風俗をうかがううえで貴重な『風俗画報』には，図書館に関する記事がわずかながらみえる。東京図書館（131号，1896.12.20)，帝国図書館（218号）に関するものは興味深い。ここでは後者，218号（1900.10.10）の「帝国図書館に就きて」という一文にあるひとつのことについてみてみよう。

　筆者の深見洗鱗は，挿絵を参照しながら当時の帝国図書館を案内している。そのなかに「問答板」がみられる。これは何か調べたいことがあって，どの本をみればよいのかわからないときに，「出納所」に申し出て質問用紙をもらい，その疑問を記して，目録室の隅に掲げてある「問答板」に貼りつけ，その疑問に答えることができる人は「質問用紙答の部」にその答を記載する仕組みとなっていた（西村正守「上野図書館掲示板今昔記　その一」『国立国会図書館月報』136号，1972.7)。これはレファレンスサービスに先行するものと思われるが，

いつから始まったのかはわからない。ただ，在米国留学生監督の目賀田種太郎が，「監督雑報 12」中の「書籍館ノ事」に，「ケンブリッヂ，ハーバルト大学」の「書籍館ニ於テ特ニ便利ナルモノハ諸款ノ質問ニ答フルノ方法ナリ。例ヘバ茲ニ人アリテ或事ヲ質問セント欲セバ之ヲ質問書ニ記シテ館中ニ掲グベシ。而シテ館中ノ諸人其答ヲ爲サント欲スル者アレバ之ニ其答弁ヲ記入ス」と報告していることは注意をひく（『教育雑誌』80号, 1878.10.25）。「問答板」の試みは，こうした外国でのサービスにヒントを得て行われたとみてよいようである。

「問答板」が『風俗画報』に紹介されていたころ，『帝国図書館明治34年度年報』に職員の増員を求めているのにかなえられないと記すなかで，「就中閲覧人ノ質議ニ対ヘ其便ヲ図ルガ如キ高尚ノ事務ニ至テハ尚増員ヲ希望セザルヲ得ザルナリ」と書かれていることは関心をひく。すでに東京図書館時代の1980（明治23）年，目録出納掛は「閲覧室来館人ノ質疑ヲ弁明シ且其目録検索上ニ助力」するとしていた（同館「図書掛事務取扱心得」）。その人員の不足のことをいっていると考えられるが，それは「問答板」の役割とどのような関係となっていたのであろうか。年報をみるかぎりでは，「問答板」に関する記事はない。いずれにせよ，こうした試みを経て，帝国図書館でレファレンスサービスが行われるようになったことは興味深い（稲村徹元「戦前期における参考事務のあゆみと帝国図書館」『参考書誌研究』3号, 1971.9）。

他方，東京のまだ江戸時代の雰囲気を漂わせていた南品川に1877（明治10）年，品川教会が発足した。後に日本基督教会品川教会となり，その品川講義所が1892年に縦覧館を設けている。『護教』（メソジスト系の機関紙）が伝える品川

縦覧館規則概略のなかに,「縦覧者は基督教の教義に付質問することを得,但し毎水曜日午后二時より三時まで時宜により筆答することあるべし」とみえる。これはキリスト教の教義と限定されたものではあるが,縦覧館でのことゆえ,レファレンスサービスと理解してよいかもしれない。もしそうであれば,これはレファレンスサービスが明治期,図書館に姿を現す最初のものとみてよいのではないだろうか。

(6) 書架・書庫のこと
書函から書架へ

江戸時代,藩校の文庫は文字どおり書庫で,貴重な文献を火災から守るために他の建物から離して,時には武器蔵とともに建てられて厳重に管理され,閲覧所は別にあった。しかし,書庫と閲覧所が接している図書館のスタイルが紹介されてから大きく変わった。その最初の姿を,1872(明治5)年に設立された集書院にみることができる。上述のように集書院2階に書庫と閲覧所があり,書庫といっても特別の部屋や書架があるわけではなく,昔ながらの本箱が置いてあるだけで,「来観者」は求める本を自由に取り出して読み,終われば元のところに各自戻していた(竹林熊彦,前掲書)。これは,湯島大成殿に1875年開館した東京書籍館の規則に「本館吏員ノ外,書函ノ開閉ヲ禁ズ」とあるのを想起させる。この図書館でははじめ,大成殿の中央が「展覧ノ処」つまり閲覧スペースで,東西両側に書函を置いていた。展覧所と書函は隔てられていなかったので,利用者がついつい書函のところに行って勝手に開けて本を探る(出納式なのでそれは許されない)ことがあったために,上記の規則が生まれたのであろう

か(『東京書籍館明治8年報』)。

しばらくは,どこの図書館でも和装本・漢籍が蔵書の中心で,昔ながらの本箱がそのまま使われていたが,洋装本が次第に増え,利用が増えてくれば,旧来のように本箱中心というわけにいかなくなり,洋式の書架が導入される。

東京図書館の場合,上野に移り,煉瓦づくりの書庫が建てられ,「欧米諸国ニ行ハルル書函ヲ参酌シ簡便ナル書函ヲ新製シ書架ノ伸縮ヲ自在ニシ」て,書籍は大きさに応じて配架し,「函中無用ノ空地ヲ生ゼズ,且小形ノ書籍ハ別ニ小函ヲ製シテ」収めた。また「和漢書モ洋書ノ如ク直立」して配架した(『東京図書館明治19年報』)。

この洋式の書架は西村竹間『図書館管理法』(1892)でも紹介されている。これによれば,書架は両面書架,架板(棚板)は上下できる。書棚は高さ6尺9寸(209 cm),間口5尺5寸(167 cm),奥行き1尺8寸(55 cm)と書かれている(高さが一番下から一番上までなのか,書籍を入れる空間の高さをいっているのかは不明である)。和本を直立して入れるために「書籍押」(ブックエンド)が使用された。

田中稲城は『図書館管理法』(1900)で,W.F.プール(W.F. Poole)によりつつ,書架について,高さは成人が踏み台なしで最上架の書籍に手が届く高さとして,土台・上飾りを除いて6尺5寸(197 cm)ないし7尺(212 cm),深さは1尺4,5寸(42〜45 cm)とする。棚板について,田中は幅6,7寸(182〜212 cm),長さは3尺6寸(109 cm)を越えないようにといっている(W.F. Poole 'Organization and management of public libraries' *Public libraries in the United States of America*, 1876)。

田中はこの本の改訂版(1912)で,建物,書庫についての

記述を含めかなり手を加えているが、書架については（挿絵も）変えていない。プールが提示したものをスタンダードとして提示しているのだと思われるが、西村が示した大きさの書架から、どのような議論が行われて、田中が提案したものに変わっていったのかはわからない。ただ、次第にこのサイズの書架が一般化していった。

　田中が、本邦では製鉄業が未発達なので木製の書函を用いる以外にないといっているように、スチール製の書架はしばらくは輸入に頼っていた。しかし、やがて日本でも製造されるようになり、例えば1924年に間宮商店が発売したF-M式鉄枠書架、棚板上下自由可動式、高さ7尺5寸（227㎝）、6ないし7棚付、間口4連で12尺（1連91㎝）、両面書架として現れた。田中がW.F.プールの示した書架のサイズによって、書架のあるべき姿を提案したのが、どのような変遷をたどってF-M式鉄枠書架につながっていったのかも今後の課題である。

　図書館用品に一定の標準化が図られ、これに基づいた製品が世の中に出てくる一方で、まだまだ木製の、それもサイズが決まっていたわけではなく、大工が書庫など部屋の大きさに合わせて寸法をとり棚板・側柱をつくって組み立てた書架は、多くの図書館で長い間使われていた。頑丈なものだったが、書架の高さ、棚数、棚板の長さはまちまちだった。木製の扉（ガラスのものもある）つきの本箱は広くみられた。

書庫のこと
　古来文庫は書籍を大切にし、火災・略奪から守るために厳重なしつらえになっており、土蔵づくりがその典型であった。

明治になり，海外から書庫についての知識が入ってきた。大規模な図書館の挿絵には，多層階の書庫，そこにスチール製の書架がぎっしり入っている様子，照明が不十分であった当時，明かりをもっぱら外光に頼っていて，書庫の天井がガラス張りで，窓は大きくとり，書架が窓に直角に置かれて外光をとるように配置されている様子（アルコーブ式）などがみられた。それまでほとんど外光が差し込まない蔵のなかに書籍を詰め込んでいた書庫とはまったく違う，海外の書庫についての概念にぶつかり，関係者はとまどったに違いない。しかし，外光を取り入れた書庫への関心は強く，東京図書館が上野に移転してつくった煉瓦づくりの書庫は窓をつけたものであった。東京芸術大学の敷地内に今も残っている書庫から，それがうかがわれる。

　西村竹間は『図書館管理法』で，欧米には閲覧室と書庫を分かつものと分かたないものがあるが，本邦では「之ヲ分チ閲覧室ハ木造トナスモ書庫ハ必ス堅牢ナル煉化石若クハ土蔵造トナスヲ可ナリトス」としている。書庫の窓は光線が書函によく達するようにすべきであるとし，窓に直角に書架が配置された図が描かれている。

　お雇い外国人建築家コンドルが設計し，1894（明治27）年に東京・三田四国町に建てられた惟一館（ユニテリアンホール）は「日本ゆにてりあん協会」の本部が置かれたところであるが，その1階にLibrary and Reading Roomがあり，ここでは書架は壁面と窓に対して直角に置かれ，採光が考慮されている（1997年夏，東京駅のステーションギャラリーでのコンドル展に出されていたスケッチによる）。

　『図書館雑誌』第1号（1907.10）の「私立成田図書館沿革及

び現況」には書庫の新築のことが書かれていて，帝国図書館などを見学し，「最も書架と窓との位置，即ち光線と通気とに注意し」たというのは，書庫内の採光への考慮を指していると思われる。アルコーブ式の書架配置は，書庫内照明ができるようになっても外光，通風などの理由で採用された。

3.3 図書館サービスを支えるツールの歴史

　分類や目録の変遷はそれぞれの専門書に描かれている。これらは図書館史の大切な領域であるが，これまで分類・目録，その作業の歴史を組み込んで図書館の歴史を描くということはまずなされてこなかった。今後の課題であろう。ここでは，作業・サービスの歴史の大切さを指摘するにとどめたい。

　資料の分類は，江戸時代のものから急速に脱して，欧米の分類法を学び独自のものを開発していった。一方では後に専門図書館，大学図書館で広く使われるようになった非十進分類法の開発があり，他方で佐野友三郎が山口県立山口図書館長時代，M. デューイ（Melvil Dewey）に学び，同館で採用した独自の十進分類法があった。これは後々に大きな影響を与え，これに学びつつ公共図書館では十進分類法が定着し，やがてもり・きよし（森清）によって日本十進分類法への道が開発されていく。

　図書目録については，はじめは冊子体，筆書きで，帳簿目録が普通であった。なかには山口県立山口図書館の「加除自在冊子型目録」もあった。これは同図書館の『百年のあゆみ』(2004)に「渋を引いた厚い和紙に図書名その他を記入したもの（スリップ）を，上中下3ケ所にさしはさむようにしてと

め，8枚のスリップで1ページを構成し，これを綴じて冊子型にしたもの」と説明されている。

やがて，カード目録が導入された。目録カードは 7.5 × 12.5 cm のものと縦が半裁のものが海外から入り，ともに使われた。図書館によって少しずつ長さが違う時期が長く続いたが，やがて 7.5 × 12.5 cm の統一されたサイズになった。その紙質についても，よりよいものを求めて長い間工夫がこらされた。また，最初は筆書きであったが，やがてペン書き，さらに謄写印刷が開発され（1910 年），これを応用してカード目録複製に利用するようになっていった。こうした歴史なども記録しておくべきものである。

他の多様な図書館用品についても，おそらく最初は，来日した外国人や欧米の関係図書・雑誌記事や，渡航した人々から得た知識に頼っていたと思われる。やがて西村竹間『図書館管理法』（金港堂，1892），文部省『図書館管理法』（金港堂，1900）などによって学んだり，相互の交流を通して存在を知り，それらを採用し，工夫を重ねていったことであろう。例えば，ラベルはかつては「図書牌」「函架箋」などと呼ばれていた。今日でもさまざまなものがあるが，明治期にも，形も大きさもいろいろなものがみられた（木原一雄・宇田川恵子「ごぞんじですか？図書ラベル」『専門図書館』212 号，2005.7）。

県下の図書館に図書館用品を普及させようとした努力を物語るのが，山口県立山口図書館の場合である。山口県では，県立図書館長の佐野友三郎が，県内各地に生まれた図書館の活動を一層活発なものにしようと，1909 年に山口県内図書館関係者大会を開いた。ここで山口県図書館協会を設立したが，これは県単位の図書館協会のはじめである。この集いの

際に,県内外のみならずアメリカの図書館にも依頼して送ってもらったカード,原簿用紙,目録用紙,閲覧券,規則,絵葉書,写真版などを集めて図書館用品の展覧会を開いた(『山口県立山口図書館報告』第 13, 1909.12)。この展示物は,今日なお同図書館に保管されている。このように,県立図書館として,県内の図書館と図書館員にサービスをしていることに注意したい。

各地で,手さぐりで手づくりの図書館用品を使っていた時期は長かった。アメリカでは 1876 年,アメリカ図書館協会に図書館用品委員会(Library Supplies Committee)ができ(委員長は M. デューイ),これが 1879 年,ライブラリー・ビューロー(Library Bureau)の名で図書館用品・家具の製造販売機関として独立し,活動していた。そういうものがあることを知って,日本にも同様のものを求める声が出たが,実現しなかった。そうしたなかで,図書館用品を製造・販売する業者が生まれた(伊藤伊が図書館用品を扱うようになるのは 1909〜10 年ころ,と『図書館雑誌』(206 号, 1937.1)に載った同社の広告にみえる)。次第にさまざまな用品が生み出されていったが,これらの具体的な過程を明らかにする作業も今後の課題である。

参考文献
　青井和夫ほか『生活構造の理論』有斐閣, 1971
　石井敦『日本近代公共図書館史の研究』日本図書館協会, 1971
　内海義夫『労働時間の理論と問題』日本評論社, 1962
　川北稔編『「非労働時間」の生活史』リブロポート, 1987
　小路田泰直『日本近代都市史研究序説』柏書房, 1991
　田中義久『私生活主義批判』筑摩書房, 1974

永末十四雄『日本公共図書館の形成』日本図書館協会, 1984
日本図書館協会編『近代日本図書館の歩み』2v, 日本図書館協会, 1992-1993

> チョット
> ひとやすみ

コラム

利用者のための図書館

　1907年4月, 県立山口図書館は, 普通閲覧室に2,540冊の図書を硝子戸付の書函に入れて公開しました。利用者は, 自由に図書に接することができるようになりました。しかし, 当時は閉架, 出納式で利用者は書庫には入れませんでしたから, それ以外の図書を自由に手に取ることはできませんでした。書庫のなかの図書の排列は, 固定法(図書の大きさ, 受入順)に拠っていましたので, 仮に書庫に入ることができても本を探すことはできませんでした。このころ, 開架をしたことで「出納検索ニ至便ナリ」ということがわかったと報告されています。

　1909年6月, 同館に木造2階建書庫が完成します。7月にはそれまでの8門分類を十進分類法にあらため(山口図書館分類表), 8月に臨時休館して蔵書3万冊を再整理しています。分類法の変更とともに, 固定法から分類順に, 書架の排列方法も変更されました。分類順に図書を排列するには, 増加のための空間を確保し, 新着図書を同じところにまとめて置けず, 本の大きさも一定しないなどが悩みの種だったようです。この排列は京都府立図書館(1904年10月十進分類法を採用)の影響を受けたといわれています。

　1911年10月, 優待券所持利用者との限定はありますが, 書庫に入り自由に図書を選択することが許可されました。

　さて, 同館館長佐野友三郎は上州前橋の生まれ(本籍地), 長州人からみれば所詮はよそ者, さまざまな抵抗があったのではないでしょうか。そのなかで利用者を優先した先駆的な図書館経営には, 随分と困難が伴ったと想像されます。

4章 通俗図書館の成立と展開

4.1 通俗図書館の成立

(1) 図書館の近代化

　明治・大正期は,図書館の近代化が実現した時期でもある。この国における近代以降の公共図書館は,西欧から教育など関連する諸制度とともにその一環として移入された図書館制度のうえに成立した。このことについて,かつて竹林熊彦は次のように記した。「日本の近代図書館は,その公共性と公開制とを顕著なる特色とする。これをはじめてわが国に紹介したのは,偉大なる啓蒙家福沢諭吉その人である。」(『近世日本文庫史』大雅堂,1943)

　以来,この国の近代以降の図書館の歴史は,必ずといってよいほど図書館制度の移入から説き起こされる。それはこの国における公立図書館の成立を公開制,あるいは無料制によることと規定したからであり,この過程が近代化への歩みとの理解を得てきたからにほかならない。本章でもまずは,これらの点について概観しながら近代化の問題にふれるが,前章で述べたとおり,近代化の過程にはなおさまざまな観点から検討すべき課題が少なくないことを指摘しておきたい。次章の冒頭でもさらにこの問題をとりあげることになろう。

西欧図書館思想の移入

1872(明治5)年,学制が公布され近代学校制度が成立した。最初の公共図書館といわれる京都の集書院は,学制の趣旨を図書館運営の方針に掲げた。新しく成った明治国家は欧米に使節を派遣し,諸制度を視察させた。視察の目的は欧米の諸制度を範としてこれを摂取することにあり,福沢諭吉が『西洋事情』でヨーロッパの図書館を紹介したことは有名であるが,公共図書館制度については文部省の田中不二麻呂の欧米における見聞に詳しい。

岩倉使節団(1871〜73年)に文部担当理事官として随行し欧米の教育事情を視察した田中は,帰国後『理事功程』(文部省,1873-1875)によって,公共図書館が税によって運営されていることを報告した。1876年4月,田中は文部大輔として渡米し,アメリカ独立百年記念博覧会に出席した。帰国後の翌年1月,『米国百年期博覧会教育報告』(文部省,1877)を著した。田中は,その巻3に「書籍館」を置き,アメリカのほとんどの都市に公共書籍館が設置されている状況を報告した。ここで,「公共書籍館(パブリックライブラリ)」を「何人ニテモ代料ヲ払ハスシテ縦覧スルコトヲ得ル書籍館ナリ」と定義し,欧米の公共図書館が無料の原則にあることを示した。田中は,アメリカでもかつては,小学校を無料化して人々を教育するという論議は起こらず,はじめから公共書籍館を無料で閲覧させる思想がなかったことを紹介し,したがって,この国でも小学校の無料化を実現した後でなければ,人々が公共書籍館の利便性を理解することはむずかしい,と述べた。小学校の授業料が徴収されなくなるのは,1900年になってからである。

西欧図書館思想の移入によって,たしかにこの国にも近代

的な図書館が出現したのであり，先の竹林は，湯島の書籍館，京都の集書会社が設立された1872年をもって，「近代図書館の出発点」とした。しかし，書籍館はこの後も官立図書館として安定した経営まで紆余曲折を経ることになり，一方，集書会社は翌年，集書院に引き継がれ短命に終わる。また，これらに続いた公立書籍館は，無料のところが少なくなかったものの，経営難から廃館を余儀なくされ，長く制度として定着する機会を逸した。

田中不二麻呂のいうように，無料制の原則をもって図書館の近代化を定義すれば，その実現は図書館制度の移入と一致するとは断定できない。この国にはこの国の風土があり，そこに新たな思想が根づくためには，必要な時間や条件がある。図書館についてもそのことがいえる。図書館が近代化へ向かう道筋について，さらに検討しておこう。

通俗図書館と図書館の近代化

帝国図書館長田中稲城(たなかいなぎ)は，『図書館管理法』の改訂に際し，第2章に「近世的図書館ノ特徴」を置いて，次のように記した。「近世的図書館ハ広ク有用ノ図書ヲ蒐集シ秩序的ニ之ヲ陳列シ至便ノ目録ヲ編纂シ普ク世人ノ利用ニ供シ社会ノ人使用セザル者ナク満架ノ書閲覧セラレザル者ナク読者ト書籍トヲ結合スルヲ以テ理想トスル者ナリ。」

これは1912（明治45）年のことであり，ここでいう近世とは，現代においては近代のことを意味する。そして，その特徴として，田中は無料制，書庫の開放，児童閲覧室，図書館と学校との連絡，分館，巡回文庫の6項目をあげた。これについて小川剛は，この時期に田中が述べた図書館は，欧米

の図書館理論に依拠したものにすぎず,当時のわが国の実情とは無縁だとみていた(「『図書館管理法　改訂版』について」『図書館管理法　全』改訂版,日本図書館協会,1978（金港堂,1912年刊の複製版）所収)。1912年当時の図書館事情は,たしかに田中が近世図書館の特徴としてあげたサービスの実施にはほど遠い。だが,佐野友三郎が山口県で実施した図書館経営を範として,田中がこの書を著した経緯からすると,後で述べるとおり,山口ではそのすべてとはいわないまでも,図書館の近代化に向けての取り組みがなされていたとみなしてよいであろう。

　その一方で,この国における図書館の近代化の問題は,国の施策と強く結びつくものであり,国民国家の一員を養成する国家主義的な施策の強い影響下に置かれていたことを考慮する必要があろう。通俗図書館は,公衆の利用を目的とする啓蒙・教化のための図書館のことで,文部官制上（1886～1921年）の通俗教育（以降は社会教育）という用語に対応して用いられてきた経緯がある。現在の公共図書館の前身ともいえるが,近代国家・教育制度の確立のため,民衆教育機関としての性格を有する(図書館問題研究会編『図書館用語辞典』角川書店,1982)。

　このことからすれば,通俗図書館の運営実態を現在の公共図書館と同様に論じてよいものか,一考の余地はあろう。だが半面,通俗図書(一般的,平易な図書)の提供機能についてみると,通俗図書館の成立から形成に至る過程は,図書館の近代化を推進する一定の役割を果たしたともいえる。このように通俗図書館について検討するとき,公共図書館の前身と考えられること,他面において国の通俗教育施策の一環と

して展開されたことという二面的な課題があり，そのことは留意しておく必要がある。

そこで，次に明治・大正期における通俗図書館の形成過程をとおして，この国における図書館の近代化の問題について具体的に考えてみたい。

(2) 公立書籍館の衰退　通俗図書館論の原型

田中不二麻呂は1877年12月付で，先の欧米の見聞に基づいて，『文部省第4年報』（以下『年報』）に「公立書籍館ノ設立ヲ要ス」を記した。田中は，公立書籍館を就労あるいはなんらかの理由で就学を中断せざるを得なくなった人々に対する教育機会ととらえ，公立学校の設置と公立書籍館の設置は「主伴ノ関係」にあると指摘した。そして，公立学校が多数設置されているのに反し，公立書籍館の設置が依然として少ない現状を，「教育上ノ欠憾（陥）」といわざるを得ないと危惧の念を表した。そこで，地方で書籍館を設立しようとして独立館が得られない場合には，学校に附属しても，寺社などを仮に用いてもよいと開設の方法にもふれた。ここで田中は公立書籍館とは何かを述べていないが，文末で各地に公立書籍館が設置されれば国の補助金が必要となるとの予測を示した。

公立書籍館の普及

明治10年代，公立書籍館の設置数は年平均15館前後で推移するが，そのほとんどが無料で運営されていた。これには，田中の意向が反映されていたと考えてよいであろう。しかしながら，制度を移入することは，その制度がそのまま定着す

ることを必ずしも意味しない。

公立書籍館は,浦和や徳島,高知のように単独に設置されるものもあれば,宮城,愛知,滋賀などのように師範学校内に置かれるものもあった。師範学校内の書籍館は,宮城県では旧藩の書籍を引き継ぎ(『第9年報』1881),新潟県では英書,漢書,翻訳書(『第11年報』1883),愛知県では教育関係など(『第8年報』1880),もっぱら師範学校向けの書籍を多数置いた。宮城,大阪で利用が多く,これに次いで高知,徳島が書籍や利用者を増加させている程度であった(『第15年報』1887)。なかには連隊所がある大津(滋賀)で軍人,警官が歴史書,法律書を読んだり(『第9年報』1881),自由民権運動発祥の地高知では政治に関する書籍の利用が多いなど(『第10年報』1882),特色ある利用もなくはなかったが,多くは一般の利用者にとっては場所も不便で「蔵書猶ホ少ク来館人亦寥々タリ」という状況が長く続いた(『第17年報』1889)。

文部省はこうした公立書籍館の不振に対して,書籍館を始めるにあたっては「必シモ規模ノ大ナランコトヲ欲セス又書籍ノ必シモ高尚ナランコトヲ要セス」(『第18年報』1890)と,寺院や学校の一隅で簡単に運営する方法を示したが浸透しなかった。

教育令の改正

図書館(当時は書籍館(しょじゃくかん))がはじめて法のうえに規定されたのは,教育令(1879年)においてであった。ここで書籍館は「公立私立ノ別ナク皆文部卿ノ監督内」にあるとされ,その2か月後の11月には文部省布達第5,6号により,公立は府知事県令の認可を得,私立は府知事県令に開申するこ

とと定められた。翌1880年12月教育令が改正され，これによって公教育に対する国家の規準が明示された。国は民権運動が国会開設運動に発展した時期をとらえ，引き続き「小学校教員心得」を定める（1881年6月）など，教員に対し国家主義的教育を行う旨を知らしめた（教員は自由民権運動の有力な担い手であることが知られていた）。

この改正では書籍館に関しても同様に，設置・廃止について府県立は文部卿の認可を，町村立，私立は府知事県令の認可を得るなど，統制が強化された。その翌年1月には，「府県立学校幼稚園書籍館等設置廃止規則」（文部省達第4号），「町村立私立学校幼稚園書籍館等設置廃止規則起草心得」（同5号）が定められ，書籍館を設置する際には書籍の種類，部数などを府県立は「開申」すること，町村立，私立は「査理」するとそれぞれ明記された。国はこれらによって教育施設の管理体制を整備した。

文部省示諭の意図

1882年11月21日から12月15日まで，文部省は各府県の学務課長と府県立学校長を招集して，教育施設に関する種々の注意を発した。文部省示諭とは，この学事諮問会において配布された文書のことで，各府県の担当すべき教育諸般の事項に関する文部省の基本方針が述べられていた。そのなかで書籍館については，これを3種に類型化した。すなわち第1に「学士著述者等ノ参考ニ供スル」学術・研究のための書籍館，第2に「庶民ニ展覧セシメ以テ読書修学ノ気味ヲ下流ノ人民ニ配与」するために「通俗近易ノ図書ヲ備存」する書籍館，第3に小中学校や各種の学校において有用な図書を教員

や生徒の利用に供する書籍館である。そして，これらを「土地ノ情況」に応じて設置することと指示した。ここには，まだ参考図書館や通俗図書館という名称は用いられていないが，書籍館の分化の方向性が示唆されている。そして，蔵書の選択，蔵書目録の編製，蔵書室および閲覧室の設備，開館の時期，蔵書の処置など，書籍館設置の要件が示された。なかでも蔵書の選択は「実ニ要件中ノ最要件」であり「善良ノ書籍ハ乃チ善良ノ思想ヲ伝播シ不良ノ書籍ハ乃チ不良ノ思想ヲ伝播」する，よって不良なるものを「排棄」して善良なるものを採用すべきだと強調した。

示諭は，改正教育令の趣旨を徹底させるために発せられ，公立書籍館についても，これを利用する教員や師範学校生徒の政治活動を牽制し，国家権力の指導性の強化を意図したものといえよう。公立書籍館の利用が低迷し，示諭が出されたのはそのためだともいわれているが（伊東平蔵「四十五年前の文部省図書館示諭事項」『図書館雑誌』86号，1927.1），それだけでは蔵書への警戒心の強さを説明することはむずかしい。

公立書籍館は，近代化にともなう庶民のための新たな読書施設となるはずであったが，庶民が書籍館に接する機会も多いとはいえず，また，文部省のねらいのとおり示諭に述べられた「通俗近易ノ図書」を置くところは数えるほどにすぎなかった。文部省の関心は，もっぱら教員や生徒に向けられていた。示諭は，蔵書に対する警戒心によって文部省の図書館に対する本質的な考え方を明示したものとなり，その後の図書館のあり方を規定するところとなった。

1884年から85年にかけて，松方デフレの影響から各県は財政難に陥り，経営に困難を来たすと，無料で経営されてい

た公立書籍館の大半が相次いで廃館を決めた。このようにして，公立書籍館は減少の一途をたどった。

(3) 通俗図書館の創設

1883年9月，大日本教育会が結成された。同会は，改正教育令の政策の一環として全国の教員を政府の指導のもとに組織したもので，「我邦教育ノ普及改良及ビ上進ヲ図リ併セテ教育上ノ施政ヲ翼賛スル」との目的を掲げ，半官半民の性格を強くもった。会長には当時文部省大書記官の職にあった辻新次が就いた。

大日本教育会附属書籍館の開館

1887年3月，同会は東京・神田区一ツ橋に附属書籍館を開館した。同館は「教育及学術ニ関スル通俗ノ図書雑誌報告書ヲ蒐蔵シ広ク公衆ノ閲覧ニ供セントスルニアリ」とその趣旨を定めた（『大日本教育会雑誌』号外，1888.9）。

一方，1888年7月に東京図書館規則（後の帝国図書館）が改正され，第3条に利用資格を満15歳以上に制限することが明記された。東京図書館は，参考図書館と通俗図書閲覧のための機能をあわせもっていたが，この改正は参考図書館としての性格を明らかにするものであった。翌1889年3月，東京図書館官制が公布され，東京教育博物館と分離独立することとなった。これを機に同館は，大日本教育会附属書籍館を「普通書籍館」とするため，多数の利用者の便を図り移転すること，その際に書庫や閲覧室を拡張し，夜間開館の実施や目録を備えるなどの要件を同会に提示して，10年間の普通図書の貸与と一時金500円を交付した（同誌86号，1889.5）。

大日本教育会はこれを受け，数か月の準備期間を経て，同年7月本格的な普通（通俗）図書館を再開した。これによって，東京図書館と大日本教育会附属書籍館それぞれの性格が明らかにされた。

翌1890年6月，文部省分課規程が定められ，ここで図書館は「高等図書館」と「普通図書館」に分けられ，前者は専門学務局に，後者は普通学務局に置かれた。以降文部省の分課規程上，図書館については基本的には同様に推移することになった。

通俗図書館観の形成

通俗図書館という用語は，次に述べる大日本教育会附属書籍館の「新築書庫落成式演説」（1891年3月）における辻新次の演説中に現れ，その基本的な性格が明らかにされた。ここで辻は，通俗図書館について「学校外ノ教育上尤モ必要ニシテ，尤モ勢力アル者」と位置づけた。そして，図書館は「主トシテ通俗近易ノ書即チ解シ易クシテ益アリ，面白クシテ害ナク，所謂利益快楽両得スベキ」書籍を収集して，年齢や職業にかかわらず，書籍を閲覧，貸し出して読書の嗜好を養成し智徳を増進するとした。その際に，図書館の設置は，必ずしも公立に限らず，施設は小学校や役場の一隅，寺院・社殿の片隅でも足り，教員や有志者で運営すれば，多額の経費を要しないこと，書籍の購入には多少の経費を必要とするが，最初から多くを望まなければよいとした。辻はまた通俗図書館について「学校外ニ於テ学校教育ノ達セザル所マデ之ヲ達セシメ」（『大日本教育会雑誌』110号，1891.10）ると普通教育との関係についても言及した。

同じ日に「学校外ノ教育」と題して演説を行った東京図書館長の田中稲城は，当時小学校の就学率が5割にも満たないこと，尋常小学校に入学しても中途退学する人が全体の3分の2にも及ぶことなどをあげ，図書館はこれらの人に対する「学校外ノ教育」になると述べ，辻と同様の認識を示した。その一方で通俗図書については，辻が読書のもたらす実利性や娯楽性を肯定したのに対し，田中は「所謂　悽　動　小　説」
の類は「極メテ弊害多キ者」と述べ，「書籍ノ良否ヲ甄別シテ，少年ノ読書ヲ監督スル」ことは学校外の教育における「教育上ノ一大要務」であるとの考えを明らかにした。このように田中が，通俗図書館の蔵書に対して管理が及ぶとの見方を示したことは，先に述べた文部省示諭を敷衍して述べたものといえる。1891年11月には「幼稚園図書館盲唖学校其他小学校ニ類スル各種学校及私立小学校等ニ関スル規則」（文部省令）が定められ，この規則で図書館では「教育上風俗上有害ナルモノヲ備フルヲ禁ス」と説明された。ここでも，政府が図書館の蔵書内容を必要以上に警戒する様子がうかがえる。

　辻と田中に選書に関する見解の違いはみられるものの，両者の通俗図書館観は，大日本帝国憲法，市町村制の施行などが実施された後の立憲体制下の国民形成にかかわる教育の諸課題に応えたものであり，おおむね共通している。だが，田中は公共図書館の無料制の原則について言及し，大日本教育会附属書籍館もいずれは東京市立図書館となり，これによって全国に公立図書館が普及する契機となると期待をかけたのに対し，辻はこの演説で，大日本教育会附属書籍館が通俗書籍館の「模範」として設置されたことを述べてはいるが，それ以上に言及するには至っていない。なお，同館は開館時か

ら閲覧料を徴収し，1894年になって館外への貸出を実施した。

『図書館管理法』の刊行

1892年12月，東京図書館の西村竹間(にしむらたけま)編『図書館管理法』(金港堂)が刊行された。この年は大日本教育会附属書籍館新書庫完成の翌年にあたり，その後同書は田中稲城により約10年ほどの間隔をおいて2度にわたって改訂が加えられた。その時期はいずれも図書館政策の節目にあたる。同書初版は44ページの小冊子で，8章で構成されている。

本文は，図書館が参考図書館と普通図書館とに二分されるとしつつも，参考図書館である東京図書館における現行の管理をおもな内容とする。だが，「閲覧室并書庫」(第2章)や「図書選択並取扱順序」(第3章)では，小学校付設図書館について記述するなどの配慮もみられ，また，第8章には学校図書館管理者に対しページを割いて注意を促した。「序」は田中稲城によって書かれ，そこには大日本教育会附属書籍館の新書庫落成式における自身の演説「学校外ノ教育」が長文にわたり引用されている。巻末には，同じく辻新次の「図書館ニ関スル論説」と題する演説が全文掲載された。

このことからも，同書の刊行が通俗図書館の普及を目的としていたことが明らかであり，これを機に図書館の新たな展開を意図していたとみることができる。田中が「序」で同書の読者に「図書館業務に従事セラルル諸君」と想定したのは，地方の教育関係者であった。なかでも小学校教員は当時最も活発に各地で図書館の設立にかかわり，学校教育にたずさわりながら社会教育の一翼を担っていた。

4.2 相克する通俗図書館論

(1) 通俗図書館の普及

改正教育令以後,各府県の負担としていた教育費を国庫補助とし,教員の待遇改善の実現を求めるために全国的な運動が起こった。この運動は国立教育運動といわれ,こうした運動をとおして,地方教育会(大日本教育会の地方組織)は地域社会の教育全般への発言権を拡大し,やがて図書館の設置を議会に働きかけるなど,図書館普及運動の担い手となっていった。

教育会を中心とした図書館設立運動

そもそも教育会によって図書館運動が展開されたのは,開明期に小学校教員が学校教育の必要性から学習・研究のため独自に読書施設をつくったことに端を発する。そして,自由民権運動の高揚期に教員が運動に参加し,結社などで思想形成を体験した。それ自体は学習運動というべきものであり,これらはさまざまな規制によって抑圧されながらも,組織的ではないにせよ運動としては継承された。小学校教員は,小学校を中心とする学校教育が形成される過程にあって,児童,生徒だけでなく青年を含む地域の指導的存在でもあり,読書施設の設置を促す役割の一端を担った。

教育会図書館には,会員外に蔵書を公開するものと閲覧を会員に限るものとがあった。長崎県教育会や信濃教育会などは開設時には非公開であったが,京都府教育会や千葉県教育会などは当初から蔵書を公開した。現在の都道府県立図書館のなかには,教育会図書館を前身とするものは少なくなく,

教育会が図書館を設立し,一定の基盤を築いた後に府県に移管するもの(埼玉,長野,京都,高知など),教育会が中心になって建議し,公立図書館を設立するもの(秋田,東京,岡山,山口,福岡など)があった。未設置などの県を除くと,道府県立図書館の3分の2が教育会とのかかわりをもって設置された。

明治30年代の私立図書館は,図書館全体に占める割合が6割を下回ることはなく(表1),公立図書館の設立の伸び悩みと相まって,通俗図書館の主流を形成した。

表1 明治30年代(図書館令公布前後)の図書館設立状況

年 度	公立	私立*	計
1897年(明治30)	9	21 (67.7)	31
1898年(明治31)	10	22 (68.8)	32
1899年(明治32)	12	25 (67.6)	37
1900年(明治33)	15	27 (64.3)	42
1901年(明治34)	14	35 (71.4)	49
1902年(明治35)	20	46 (69.7)	66
1903年(明治36)	28	57 (67.1)	85
1904年(明治37)	30	69 (69.7)	99
1905年(明治38)	30	70 (70.0)	100
1906年(明治39)	35	91 (72.2)	126

出典 『文部省年報』(第25-36年報)1898-1910
 * かっこ内の数字は,公共図書館数の全体に占める私立図書館の割合

図書館設立キャンペーン

1890年代に入ると,地方教育会は図書館設置を奨励する記事を中央・地方の教育関係雑誌に掲載し,活発なキャンペーンを繰り広げた。東京市の場合も,全国的な図書館普及運動の高まりと東京市教育会による建議とが一体となって,通俗図書館の設置を促すこととなった。帝国教育会会長の寺田勇吉は,東京市教育会の機関誌『東京教育時報』(25号, 1902.10)に「東京市に通俗図書館設置に関し富豪家に望む」を寄稿して,図書館設置に期待をかけた。これを受けて1902年10月,東京市教育会が東京市長あてに「通俗図書館設立建議」を提出した。ここで,図書館の必要性は次のように説明された。

社会の中流もしくは下層社会の人民が多数組織しているのであるから,国民を発達させるためには中流,下層社会の人民に対し十分な教育を受けさせることが必要である。義務教育機関を修了した下層人民に対してさらなる教育が必要であり,その後の教育機会がなければ無教育の原状に復する(『東京教育時報』27号,1902.12)。そして,1906年11月,日比谷図書館が設立されることになった。

資本主義の発展により生産が拡大し,都市部では賃金労働者が増加した。新たな社会階層が形成されるとともに,社会問題が顕在化していた。そのため東京において通俗図書館は,中流・下層社会の人民のために学習機会を提供する機関という位置づけがなされた。当時の様子を横山源之助は『日本の下層社会』(岩波書店,1949,初版は1899,教文館刊)に次のように記している。「東京市十五区,戸数二十九万八千,人口百三十六万余,その十分の幾分かは中流以上にして,即ち生活

に苦しまざる人生の順境に在るものなるべしといえども，多数は生活に如意ならざる下層の階級に属す。」

　1900年，第3次小学校令の公布によって義務教育としての尋常小学校は修学4年に統一され，授業料無償の原則が明記された。その2年後にはじめて就学率が90％を超えた。

　やや後のことになるが，通俗図書館としての設立趣旨を最もよく反映させたのは，深川図書館であった。次章で述べるように日比谷図書館が，当初通俗図書館を運営の目標に掲げながら，参考図書館へと方向を変えていったのに対し，深川図書館はその地域性から職工，徒弟，労働者などの利用者を集めた。

図書館令公布

　1897年2月，貴族院議員外山正一(とやましょういち)が「公立図書館費国庫補助法」案を帝国議会に提出した。外山は，この前年2月に帝国図書館設立の建議を貴族院に提出した議員の一人である。法案は，学校図書館とともに公立図書館が必要であるとの認識を示し，公立図書館は地方税によって設立されるべきものであるが，これが現実に困難であるとしても，地方に図書館を普及することは急務であり，そのため同法案をもって奨励する必要がある，と説く。外山は，ここでアメリカの自由図書館を例に引いて「別に其閲覧権と云ふものを得るために金を払わなければならぬやうなことなしに唯其図書を見せる」と，図書館は無料の原則にあることを説明した。

　そして，同法案で外山は，教育会図書館についても公立図書館に準じ補助の対象とするよう第2条に成文化した（安部磯雄編『帝国議会教育議事総覧　1』厚生閣，1932）。この法案は，

小学校教員の不足と俸給の工面がつかないことから委員会附託となり，結局採択されなかったが，これによって図書館費の国庫補助への道を開いた。また，法案に教育会図書館が盛り込まれたことは運動の成果でもあったが，半面では私立図書館の設立を前提とする図書館の法制化の方向を許容したともいえる。

1899年11月，はじめて図書館の単独法規である図書館令が公布された。図書館令は，私立図書館にも法的な根拠を与え（第3条），公私立学校に付設する図書館をも含め（第4条），公立図書館の設置・廃止がそれまでと同様に国の認可を要し，私立は開申することとし（第5条），公立図書館について有料を可とした（第7条）。このため公共図書館の無料化の原則を大きく遅らせる要因をつくることとなった。

(2) 地方改良運動のなかの図書館

日露戦争（1904～05年）によって，日本は帝国主義列強の一員としての地位を確保した。だが，戦費の増額は増税などによって充当され，国民生活を直接圧迫した。本格的な帝国主義国家体制を確立するためには，国内体制の統合・再編を急務とし，諸政策は戦後の地方改良運動に引き継がれた。

地方改良運動の影響

地方改良運動とは，国家体制を支え，日露戦争後の疲弊した農村の回復をめざして推進された運動であり，報徳思想によって道徳と経済との調和，地方自治の振興を図った。地方では小学校教育を徹底して国家教育体制の確立を図り，学校教育を修了した青年により「第二の国民」たる青年団が組織

された。青年団には，社会教化機関としての役割が課せられた。運動は内務省の主導で行われ，その方針に沿って各地での模範的な取り組みが奨励された。国家はそれらを優良団体として表彰し，国家主義体制下の国民意識を高揚させた。図書館にもこうした影響は及び，各地には人々に対し速やかに戦報を周知するため簡易な図書閲覧室が設けられたり，戦時記念事業の一環として図書館の設置が奨励された。

1908（明治41）年5月，新潟市の一信用組合である積善(せきぜん)組合が，市内に巡回文庫の回付を開始した。積善組合は報徳思想を経営方針に掲げ，事業の一環として巡回文庫経営を行った。巡回文庫を始めるにあたり，山口県など当時の先進的な地域の図書館や巡回文庫の実施状況を視察するために担当者を派遣した。文庫開設の6年後には，年間の閲覧者が10万人に達し，館界のみならず地方改良運動の指導者たちの注目を集めた。10年後に信用組合の経営に破綻が生じ，巡回文庫は廃止されたが，それでも長年にわたり活動が継続した背景には，地方都市の人々の生活のなかで本や図書館に接する機会がきわめて少なかったことを一方では物語っていた。

井上友一の図書館論

地方改良運動の推進者である内務官僚井上友一(いのうえともいち)は，1900年4月パリの万国公私救済慈善事業会議に委員として出席，その足で翌年3月にかけて欧米諸国の社会事業制度を視察した。このときの見聞をもとに，井上は後に『救済制度要義』（博文館, 1909）を著し，「庶民的教化事業中世人か其最重要なるを認識せるもの蓋し公共図書館制度に若くはなし」と，社会教育機関としての図書館の役割を記した。また，国家の基礎

となるのは町村民であり,国家富強のためにその町村民をいかに育成するかを井上は課題とし,国家を形成する手段として「如何に図書館を活用して之を民育の中心となすべきか」(『自治要義』博文館,1909)を追究した。1909年8月,東京市が主催した図書館講習会(小川町小学校)の講演で,井上は「書物を見せる計りが図書館の能であるまい」と述べ,要は図書館が「其地方の教育的中心」となれば「其感化力は実に大なるもの」とその影響力を重視した。そして,偉人祭や偉人にまつわる偉人棚(展示)などによって,図書館が広く諸機能を発揮することにより,集積主義から「訓育主義」に転じることができると図書館員に働きかけた(「偉人祭と偉人棚」『斯民』4編8号,1909.9)。

いうまでもなく井上は図書館人でもないし,図書館についてもこれ以上は言及していない。だが,その影響力という意味において,むしろ図書館人以上のものがあった。それは,図書館を自己教育機関である以上に民衆の教化機関とする時代の要請に応え,各府県の施策にそれが反映され,広く定着していったことを意味する。ここでは詳しくはふれないが,積善組合以外にも,例えば千葉県(1907年6月)や埼玉県(1909年9月)など各地で実施された行政主導型の巡回文庫をその例にあげることができる。

当時,巡回文庫は自治体関係者には新機軸と映り,その手軽さと相まっていち早くとり入れられた。だが,巡回文庫が青少年の教化・善導を目的とする修養機関として位置づけられ,「健全」で「有益」な図書が選ばれたため,県民の関心は高まらず,経費も抑えられ,不振のうちに廃止(教育会に移管)された。

図書館統制の強化

 1910（明治43）年2月,「図書館設立ニ関スル注意事項」いわゆる「小松原訓令」が地方長官にあて発令された。この注意事項では,近年増加した図書館のなかでも「相当ノ資力ヲ有シ完全ナル図書館」を設立しようとする図書館に眼目が置かれた。そして,こうした図書館はなるべくここに示す標準に準拠して「適当ノ施設」を設立し,十分に効果を収めるようにという趣旨のもとに注意事項が列挙された。図書館の種類や目的に応じた選書を行うこと,図書館主任者会議を開催し標準図書を選定すること,館外貸出を実施し,規模により分館や巡回文庫を設置すること,学校・家庭との連携,図書館の建設にあたっては立地条件に配慮すること,などである。そして,閲覧室から目録に至るまで具体的な設備方法について規定した。

 このように,訓令は地方改良運動によって全国に濫造された図書館について一定の整理をし,なお通俗図書館の標準化をめざし,各府県に図書館設置方法を広めるねらいがあった。また,図書選択については,通俗図書館あるいは小学校付設図書館に対し「健全有益ノ図書ヲ選択スルコト最肝要ナリトス」と蔵書に関し注意を促した。だが,これは従来の文部省（示諭以降）の方針を踏襲し,国民教化の理念をあらためて打ち出したにすぎない。

 訓令が発せられた数週間後には,早くも茨城県が県下にこれを県訓令として発令した。翌月には福岡県が,このほかにも宮城,山形,福島などがこれに続いて県訓令を発し,県下の図書館振興策に乗り出した。

 小松原訓令発令の3か月後,1910年5月に大逆事件での

表2　公共図書館設置数の変遷（1911‐20）

	公立	私立	合計
1911年（明治44）	164（36.9）	280	444
1912年（大正元）	212（39.3）	328	540
1913年（大正2）	245（39.3）	379	624
1914年（大正3）	293（41.4）	414	707
1915年（大正4）	393（43.7）	506	899
1916年（大正5）	517（47.4）	574	1,091
1917年（大正6）	640（52.5）	596	1,236
1918年（大正7）	758（55.8）	600	1,358
1919年（大正8）	878（58.1）	633	1,511
1920年（大正9）	1,064（63.8）	605	1,669

出典　『文部省年報』（第39‐48年報）1913‐1923
＊かっこ内の数字は，公共図書館数全体に占める公立図書館の割合

大検挙が始まった。小松原英太郎文相はこの事件が起こると即刻，各図書館への対応を強化し，8月には各地方長官にあて，公私立図書館などにおける社会主義的な図書を中心とする閲覧状況や閲覧者について詳細な調査を命じた（『教育時論』913号，1910.8）。9月には，私立図書館で収集した図書に「狂激なる言論をなし若くは善良なる風俗を害するの虞あるもの」が発見されたり，発売が禁止された図書が閲覧に供されているなどを理由に，図書の調査を命じる旨の文部次官通牒が各地方長官あてに出された（『社会新聞』71号，1910.9）。同月，文部省は地方長官，直轄諸学校長にあて内訓を発し，自然主義，社会主義，非良妻賢母主義の風潮に感染しないよう注意

を促すとともに，官吏を各図書館に派遣して利用状況を調査するように命じた（『教育時論』916号，1910.9）。

また，小松原文相は，事件に関連し「刻下の急務」として社会教育の奨励を意図し，翌1911年5月には文部省に通俗教育委員会を設置した。さらには10月には同委員会において通俗図書審査規程を定め，出版物などに対する本格的な統制の強化に乗り出した。

(3) 図書館運動の機運の高まり

小松原訓令の発令から2年後の1912年，『図書館管理法』が改訂された（以下，西村竹間編の初版を「1892年版」，田中稲城による改訂版を改訂年によってそれぞれ「1900年版」，「1912年版」と記す）。

『図書館管理法』の改訂

1912年版における田中稲城の通俗図書館観は，基本的には1900年版のそれを踏襲している。1900年版は図書館令の趣旨を広めようとする文部省の図書館政策の一環として刊行された。図書館令が有料制に関し現状を追認したのに対し，田中は1900年版で公立図書館について，無料で最新の，有益にして興味ある図書を貸出して公衆の閲覧に供することを強調した。「図書館ハ学校教育ノ及達セザル処ヲ補益シテ一国ノ教育ヲ完成スル」と従前の主張を繰り返す一方で，図書館がその目的を達するには「終ニ公立トセザルベカラズ」とイギリスの例を引き，地方の事情に応じて公立図書館が設置されなければならないと述べた。

1900年版には図書館令の公布を契機とする公私立図書館

の増加状況への対応策が求められたのに対して，1912年版は小松原訓令の趣旨を広めるねらいがあった。だが，訓令が注意事項を列挙し標準的な図書館の運営方法を教示したのに比べ，1912年版はすでに述べたとおり「近世的図書館ノ特徴」と章を起こし，その特徴を列挙して，利用者に対し積極的にサービスを展開すべきだと説いた。

ここでは図書選択について旧版との比較をしてみたい。田中は，1900年版で書籍の選択において最も困難なのは市立図書館であり，読者の種類，性質，知識を察し，資料費を考慮し「最大多数ニ最大幸福ヲ与フルニアリ」と，図書館が地方の精神的な中心となって公衆の必要とする書籍を準備することが重要だと述べた。これに対し1912年版では，田中は次の点を加筆した。以下に要約する。

　書籍の選択法は，民衆の要望と必要性を考慮しなければならない。もし民衆の要望を児戯に均しいなどとしてこれを誤り，顧みもせず，民衆を教化する目的をもって書籍を購入するとき，その蒐集はどんなに巧妙であってもこれを閲覧する読者はなく，図書館の目的を達することはできない。また，これに反して民衆の要望にすべて従うなら，図書館は標準以下となり非難を免れないだろう。

大逆事件後の文部省の対応は上に記したとおりであるが，このような状況下で田中によって『図書館管理法』が書かれたことは銘記しておいてよい。田中は，地方改良運動によって全国に普及した図書館について，通俗図書館の規準をつくるという意味においては，訓令の趣旨を敷衍したが，一方で図書館が図書の選択を誤り，思想統制機関と化す危うさを述べた。田中は，国の図書館政策と図書館人の狭間にあって図

書館人としての立場を明確にし，急速に発展する図書館の指針として同書を改訂したのであった。

図書館運動の契機

次に『図書館小識』（日本図書館協会，1915　以下『小識』）について述べるが，その前に『図書館管理法』1900年版と1912年版の間に出版された，戸野周二郎『学校及教師と図書館』（宝文館，1909）についてふれておく。戸野は1905年，東京市教育課長に就任し，日比谷図書館の開館準備にあたった。その過程で同書をまとめることになるのだが，同書は，ダナ（John Cotton Dana）などの外国の図書館事情に関する文献を他に先駆けて引用したことで知られる。『小識』には明らかに同書を下敷きにした箇所が散見され，影響関係も認められる（赤星隆子「戸野周二郎著『学校及教師と図書館』の意義：児童青少年図書館の視点から」『図書館学会年報』38巻4号，1992.12）。

同書は，通俗図書館の必要性と意義を述べ，公共図書館の普及のためには，まずは小学校校舎を利用して付設図書館を設けることをすすめている。これは19世紀はじめの米国でみられた学校区図書館のことであり，東京市の小学校内に簡易図書館（設立時の名称）を設ける際の参考にされたと考えられる。この書は，学校と図書館，児童図書館，そして教師の役割などに言及するところが多く，小学校教員に向けた「図書館管理法」ともいうべきものであった。

明治から大正への改元の機をとらえて，日本図書館協会（1892年3月日本文庫協会設立，1908年に改称）は図書館運動を提起した。日本図書館協会は，この運動のために『小識』を急遽完成させた。1915年7月付で各府県知事などにあて

「御大礼記念図書館設立意見」を提出し，会員，府県知事，県議会長，全国人口2万以上の市町村などに『小識』を配布した。御大礼とは大正天皇の即位大典のことで，この年11月京都で行われる予定になっていた。

この意見書には「図書館の必要性」について，第1に「図書館は学校以外に於ける自修教育機関」であること，第2に「社会凡百の問題に対する調査研究所」であること，第3に「高等なる公衆慰藉場」であることが掲げられた。また，「図書館設立に伴ふ注意」では図書館の急増期にあって，現実には600余ある図書館のうち「十中七八は皆其名あって実無に等し」く，「殊に図書も建物も死物にして其等を活用するには一に人あり」と専門職としての図書館員の必要性を訴えた（『図書館雑誌』25号，1915.12）。この意見は『小識』の内容と対応しており，図書館の必要性として述べられた上記の3点は，同書「図書館の効果」（第2章）におけるダナの「図書館管理法」（*A Library primer*）から「図書館の社会に与ふる六種の利益」を要約したものである。

『図書館小識』の刊行

『小識』は短期間で作成されたこともあって，アメリカの図書館理念を反映しつつも，整理業務中心の記述を脱せず，館外貸出について「稍繁多なる手数を要す」としたり複本の購入を抑制するなど，限界がないとはいえない。だが，その一方で同書は『図書館管理法』の延長上に位置し，多くの章を踏襲しつつも「図書館の効果」（第2章），「図書館の職員及其職務」（第5章），「普通図書館」（第8章），「児童図書館及児童閲覧室」（第9章），「学校図書館」（第10章）などの章を起

こし，通俗図書館観の転換を意図したとみることができる。

同書は，公共図書館を「国民の上下諸階級」にわたって教育効果を及ぼし，その目的は「一国民の小学校に於て始められたる教育を，終身継続し得る機会を成年者に与へ，以て教育の効果を発揮せしめんとするにあり」と，生涯にわたる教育機関であると定義した。図書館の多くは公費をもって設立，維持され，自由に一般公衆に利用される。そして，通俗図書館に代えて基本的には普通図書館を，さらに公共図書館という呼称を同書は多用した。

意見書に示されたように，公共図書館の設置数の増加と内実の乖離は，『小識』にとっても課題の一つに数えられた。『小識』は，この国の図書館事業の発達しない理由の第1に図書館に関する知識が不確実であること（そこからくる施設経営の曖昧さ），第2に必要な館員が配置されていないこと，第3に当局者の理解不足をあげた。同書ではその解決策として図書館員養成に言及した。そもそも図書館の経営管理は，純然たる一個の専門的な事業であるが，その業務の性格もあってこれが統一されていない。そのうえ適材を図書館に得ず，そのため図書館における固有の運営の実現をむずかしくし，図書館活動を妨げている，というのである。

第5章「図書館の職員及其職務」では「図書館の業務は実に一箇の専門に属し，其経営管理は常に特殊の知識と技能を要す」と図書館員の専門性を追求した。これは，1912年5月に日本図書館協会が文部省に図書館員養成所の設置を建議（『図書館雑誌』15号，1912.7）した内容に通じている。だが，「図書館学の講修の途」はまだ遠く，さしあたり同書はこの種の入門書と位置づけられた。

図書館運動の提起

御大礼記念によって設立された文庫,図書館は1年間で1,307を数えた(『図書館雑誌』27号,1916.7)。だが,当時の1道3府43県のなかで,府県立図書館の設置数は19を数えるにすぎず,図書館運動が緒についたとはいえ,図書館の充実には未だしの感が否めない。1916年10月に開かれた全国図書館大会では,府県立図書館が全国の半数に満たない現状の改善を決議し,翌1917年2月付で,日本図書館協会は各地方長官にあて「道府県立図書館設置ニツキ建議」を送付した(『図書館雑誌』31号,1917.6)。

このように日本図書館協会による運動提起は,改元の機に乗じるという旧来の手法は残しながらも,地方の施策のうえに図書館設置を位置づけるという次代を切り開くねらいが込められていた。図書館運動の成立が,近代図書館発展の基礎的な条件であるとすると,『小識』は図書館員の手引き書としてはやや性急だったといえなくもないが,図書館を社会化するうえで先駆的な意味合いをもった。これにより,国が図書館を下命によってつくらせる国家主導型とは異なり,図書館協会など(人々)が府県や地方の議会などに働きかけて図書館をつくるという新たな方向性が生まれた。

4.3 佐野友三郎の通俗図書館論

(1) 佐野の理念と山口県下の図書館

明治中ごろから大正期の長きにわたり,この国の図書館の近代化に尽くした佐野友三郎の役割は重要である。とりわけ同時代の評価は高く,既述のとおり『図書館管理法』に佐野

時代の県立山口図書館はモデルとしてとりあげられた。

図書館人,佐野友三郎の足跡

現代では石井敦の著作が,佐野の評価を代表している。石井は,佐野に図書館経営の先駆者としての姿を見出し,この国の図書館の近代化を実現したとする。一方,山口源治郎は,従来佐野の業績が無批判に民主的な解釈に導かれたとして,佐野の評価について再考を促した。佐野に対する両者の評価は一見対照的にみえるが,佐野が時代の制約のもとで自らの図書館思想を形成し,当時の貧困な図書館制度に大きな影響力を与えたなどの点については共通の見方がうかがえる。

佐野友三郎が図書館界に登場した時期は,国が教育政策の一環として図書館政策に取り組もうとしていた時期と一致する。時代の潮流のなかで新たな図書館施策を導入するには,当然ながら困難さをともなう。ここでは,佐野が公共図書館普及のために新たな図書館像を形成する過程をみてみたい。

周知のように,佐野は畏友である秋田県知事の武田千代三郎に乞われ,1900年4月県立秋田図書館長に就任した。翌年6月には県内郡立図書館を設立,1902年10月にはわが国ではじめて巡回文庫を実施するなど諸事業に着手した。その活動は『官報』でとりあげられ,一躍全国に知られるようになった。『官報』への掲載は図書館令公布の翌年にあたり,国が推進する図書館政策の方向性を示すものでもあった。

武田が山口県知事として秋田を去ると,佐野も山口に転出し,そこに活躍の地を求めた。1903年3月,佐野は県立山口図書館の初代館長に就任,数か月の準備期間を経て7月に同館が開館,翌年1月には巡回書庫(巡回文庫のこと。山口

にあってはこの名称）を実施した。佐野の数年足らずの活躍によって，山口は全国屈指の図書館先進県に急成長をとげた。

山口における佐野の活動は，秋田で先鞭をつけた諸事業の延長との見方もできるが，彼の業績はおおよそ次の3点に要約することができよう。第1は，巡回文庫の実施などによって県下の図書館振興策を積極的に展開し，郡市町村に図書館の振興を図ったこと。第2は，県立山口図書館における児童室の設置（開館時から），夜間開館の実施（1903年10月），開架制の導入（1907年4月），十進分類法の採用（1909年）など諸改革を実施したこと。そして第3は，図書館員を組織化し，1909年には山口県図書館関係者大会を開催，山口県図書館協会の発足に尽力したことである。これは府県単位の図書館協会のはじめである。

ここでは，上の第1の点に着目し，県立図書館長の任務を佐野がどのように考え，そして実践したのかを考えてみたい。

図書館の近代化をめざして

佐野の図書館思想の形成について考えるとき，アメリカの図書館思想に学んだことに留意する必要がある。佐野は，秋田時代に巡回文庫の開始に先立って，まずは郡立図書館の設立を試みた。県下の4郡立図書館には県費による補助を行い，そこを「駐在所」として，巡回文庫によって図書を供給するという仕組みをつくった。これはM.デューイによるニューヨーク州の図書館制度にヒントを得たものである。巡回文庫は，本来であれば町村図書館の普及の後に実施することが望ましいが，まずはこれを行うことで町村に生活する民衆の図書館に対する興味を喚起する，とのデューイの言に佐野は注

目したのであった（無署名「米国巡回文庫起源及発達」『秋田県教育雑誌』115 号，1902.2）。

　1905 年 4 月，県立山口図書館は『山口県立山口図書館報告』（以下『報告』）を創刊した。その第 2 報告には，「米国図書館の趨勢」と題して，早くも Library Journal や Public Libraries からアメリカの図書館の現状を紹介する記事がみられる（『報告』第 2，1905.8）。ちなみに，日本図書館協会が『図書館雑誌』を創刊するのは 1907 年のことである。1909 年 10 月には山口県内図書館関係者大会が開催されるが，このとき佐野は「米国図書館事情」について講演している。当日は図書館関係用品が展示され，この展覧品目録には，県内 5 点，他府県 38 点のほかに，アメリカの公共図書館の写真やカード目録などが 32 点出品されたことも記されている。また，同じ年に佐野は山口県内の図書館の運営状況を「米国公共図書館ニ比スルモ管理手続上ニ於テハ敢テ遜色ナキヲ信ス」（「一般ノ状況」『報告』第 12，1909.6）と報告し，自信の一端をのぞかせた。佐野は，図書や雑誌などによってアメリカ図書館界の情報をいち早く入手し，それらを自館の運営に反映させ，この国の図書館の近代化を図ろうとした。

　山口県における 1912（大正元）年度の巡回書庫利用は，回付個数 239，貸出冊数 4 万 6 千冊，貸出人員 3 万 8 千人という数字が残っている。巡回書庫開始時には郡市，青年会などに回付していたが，1906 年度に回付方法を変更し，公私立図書館や町村，学校にも配本を行い，その結果，開始から 8 年で利用率は約 10 倍となった。しかし，ここに県立山口図書館の巡回書庫の成績をあげ，利用の増加を指摘したところで，現在私たちがこれを実感として受け止めることはむず

かしい。それよりもむしろ，巡回書庫が町や村の図書館設立を促進したこと，あるいはこの運動を支えた理念がどのように形成されたかが検討されるべきであろう。

(2) 公共図書館の任務

佐野によれば，公共図書館の第一の任務は，書籍なき者に書籍を，そして一般読者には書籍のなかの最良のものを供給することとされる（「巡回文庫」『帝国教育』442号，1919.5）。佐野がこの実現のために巡回文庫を実施したのも，これが「最も簡易なる公共図書館」（「山口県図書館事業一覧」『報告』第18, 1913.6）にほかならず，直接には公私立図書館を介して人々に接し，間接には公立・私立図書館の図書の不足を補い，さらには図書館増設の動機となることに着目したからであった（「図書館設置ノ栞」『報告』第10，1908.3）。だが，書籍なき者に書籍をもたらすのみならず，一般読者に書籍のなかの最良のものを供給するとなれば，図書館は利用者を主体とした運営への転換を迫られることになる。

「通俗図書館の経営」

佐野友三郎には，通俗図書館に関するいくつかの論文があるが，その代表的なものに「通俗図書館の経営」がある。この論文は各地での講演要旨をまとめたもので，『報告』第20（1915.3）に収録された。「凡例」にはこれを「県内に頒布し図書館経営者の参考に資す」とある。佐野は，ここで参考図書館と通俗図書館の二分論を提示し，通俗図書館は通俗図書を主とし，出納を簡易にして館外貸出に重きを置き「社会一般の教化に資し国民全体の智徳増進を目的」とすると述べた。

そのうえで図書館は公費によって運営され，その普及のために学校との連絡を図り，児童室を設け，書架の公開を行うなどの役割を明示した。そして，図書館創設の動機はさまざまあっても，なるべく「先づ卑近より着手し館員の努力と公衆の同情」によって充実発展を図ること，と段階的にすすめ，創設に際しては「一部人士の用に供する機関なりとの誤解を招かざる」ようにすること，当局の理解を得る必要性をも示唆した。さらには町村民に対しても「凡て図書館を我が物と心得て各自之が保育に任ずる」ように，と図書館の発展のためには人々の意思によって運営，維持がされなければならないことにも言及した。

　第7章には小図書館建築法を置いて，ここには「公共図書館の管理」がこの数年で長足の進歩をとげたこと，それは書庫の開放のことなのだが，これを「旧思想に比し最も急激の変化」だとの認識を示した。この章で，佐野は通俗図書館に代えて「公共図書館」の用語を一貫して用いた。このように「通俗図書館の経営」は，通俗図書館という標題を掲げているが，通俗図書を置いて国民教化のため一般庶民の利用に供する従来の図書館とは一線を画し，利用者を中心に置いたサービスを具現化するための図書館像を明確に表現している。

『米国図書館事情』

　佐野の通俗図書館に関する基本理念は，『米国図書館事情』（文部省，1920）によってさらに深化した。同書は，文字どおりアメリカ図書館事情を視察した後に文部省から公刊された報告書である。先の「通俗図書館の経営」からは5年を経て，執筆の動機も異なる。必然的に報告内容が同書の多くを占め

るが,佐野は全4編のうち第3編については「図書館利用法」を充てている。この第3編は佐野の従来の通俗図書館論の延長にありながらも,図書館サービスのあり方を論じ,図書館がめざすべき方向を提起している。

　ここで佐野は,すでに図書館が書庫の番人をする時代の終息を宣言し,図書館には「図書館を日常生活の要素とする為」これに尽力する者が館長に置かれ,利用の促進に努めなければならないとする。そのためには第1に図書館を「一層多数の公衆に利用せしむる」こと,第2に現在の利用者に対して「利用の度を高むる」こと,第3に「図書館奉仕の程度又は品位を高むる」ことが重視されるべきだと記す。当時の通俗図書館運営において,利用促進の手段はまずは貸出であり,佐野も「余の経験」からいっても「公衆に対して図書館存立の重なる理由は貸出」にあるという。だが,同書ではそれにとどまらず,図書の出納所を「通俗図書館の最も重要なる任務」と位置づける。その役割が重視されなければならないのは,図書に対する質問応答も小図書館にあってはここで行われるためであり,図書館に対する印象もそこでのサービスによって決まるからだという。これは「参考的任務」とされ,現在のレファレンスサービスに相当する。レファレンスサービスがまだほとんど地域に浸透していない時期に,参考図書館のみならず通俗図書館の業務にこのサービスを位置づけたことは,佐野が通俗図書館に新たな展望を抱いていたことの証左といえる。

　同時に,図書館利用を促進するのは図書館員の任務であり,図書館運営のためには「第2編　米国図書館の経営」に「第5章　図書館員の養成」を置いて,その冒頭に佐野は「図書

館員は，懇切にして敏活ならんことを要し，博識洽聞ならんことを要し，奉仕の精神に富み，誠実にして同情に富み，観察，注意，判断の諸能力に富まんことを要す」と述べた。当時の状況からしてもきわめて高度な対応力を図書館員に求めたのであり，このことは通俗図書館の運営にも及ぶ。しかしながら，図書館員の養成は容易ではなく，佐野にとって最優先すべきでありながら，なおかつ最も解決策のみえにくい課題であったと思われる。

(3) 公共図書館への道のり

佐野は，通俗図書館の成立，普及には読むべき善良なる書籍とこれを読む読書力を要し，「学校と提携」するかもしくは学校教育の後を受けてこれを「補足継続」(「通俗図書館の経営」『報告』第20, 1915.3) することである，と述べた。そこでは，児童の読書機会をとりわけ重視した。

児童サービスの開始

佐野は実際に，山口県下の児童文庫の運営状況をみたうえで，「児童自ラ図書館ニ就キ自ラ図書ヲ選択スル習慣ヲ養成スルコト最モ肝要ナリ」(「山口県図書館事業一覧」『報告』第18, 1913.6) とも述べている。自館において先駆的な県立図書館を構想する一方で，佐野は町村においては民衆，なかでも児童の読書力の養成に最大の関心を寄せた。

例えば，佐野は義務教育後の子どもたちが自ら知識，教育を求めるには小学校時代の図書館教育が不可欠であり，そのため小学校の1学級の児童を県立図書館に招き，館内で利用教育を実施することも計画していた(「学校と図書館と 其の1」

『報告』第4,1906.1)。だが,当時はまだ小中学生の図書館利用については「有害無実」や「負担過重」といった風潮があり,児童に対するサービスに必ずしも十分な理解が得られているわけではなかった。

佐野は,そのことを最もよく知る一人であった。1899年4月に県立秋田図書館が設立(同年11月開館)されたとき,利用者の年齢に関する定めはなかった。だが翌1900年4月に佐野が同館館長に就任した半年後の9月,図書館規則が改正され,12歳未満の児童に対して「登館シテ図書ヲ借覧スルコトヲ得ス」とその利用が制限された。この規則改正には,館長である佐野が関与していたと思われる。開館後6か月の利用者の8割5分以上が学生であったことから,県立図書館として一般利用者の利用を優先せざるを得なかったのであろう。その後,1902年10月,県立秋田図書館の図書館経営が『官報』に掲載され,全国の注目を浴びた。この時期に,佐野は「幼年者閲覧室の設置を欠くへからざるは北米諸州の実例之を証す」と記し,県の経済が許すなら施設を改善すべきだと述べている(「県立秋田図書館の近況」『秋田県教育雑誌』124号,1902.11)。佐野が山口に移る半年前のことである。

こうした経緯があり,県立山口図書館には児童閲覧室が置かれた。だが,これは周囲には冒険と映り,旬日を待たず閉館するだろうとの声もあったほどである。

他方,山口県下に限らずほとんどの町村図書館は小学校に付設され,そこでは教員が児童への指導のかたわら図書館の運営を任されていた。図書館サービスを実施するためには,運営の担い手である図書館員の養成が課題となった。

小学校付設図書館の課題をとおして

この国では明治以来，図書館を諸施設へ付設することを是としてきた。その結果，師範学校に付設された公立書籍館に始まり，以降はもっぱら小学校などに図書館が付設されてきた。戦前期に図書館数は4千を大きく超えるが，独立館は1割にすぎず，非独立館が9割を占めた。町村図書館に至ってはその9割5分が小学校などの施設に付設されていた（『全国図書館ニ関スル調査　昭和十一年四月現在』文部省）。

1912年度，全国の図書館数は541館（公立213，私立328），これに対して山口県は88館（公立56館，私立32館）であり，これは全国の設置数の6分の1にあたる。ところが，こうしてできた図書館に，国の施策の一環としてつくられたものが少なくないこと，そしてまた，県内で独立の館舎をもつものはこのうちの10館あまりにすぎず，残りの70館余，つまり約9割近くは他の府県と同様，小学校校舎などの一部に付設されていた（「山口県図書館事業一覧」『報告』第18，1913.6）。ここでいう国の施策というのは，先に述べた日露戦後体制を支えた地方改良運動のことである。このように山口県が全国一の図書館数を誇っていた一方で，県内のほとんどの図書館は，当時どこにでもみられるような共通の困難さを抱えていたことを見逃してはならない。1921年の文部省の調査（『全国図書館に関する調査　大正十一年三月』文部省，1922）でも，山口県は図書館数は多いが，内容の充実のためには経費の増額も必要であり，また平均冊数に比べ比較的蔵書数の少ないことが指摘されていた。

佐野が公共図書館における児童サービスに着目しながら，それを地域で具体化する有効な方法の一つに小学校付設図書

館を選んだのは，通俗図書館が「一般公衆に周知せしむるに至便」であるからとの理由による。ところが，小学校に図書館を付設するという方法は，図書館の通俗化（普及）を優先させた結果ともいえ，公共図書館の概念が確立していない時代にあって，現実には経費や図書館員に関する対応の遅れを来たす要因の一つともなった。

　また，以下に述べるように師範学校に図書館の科目を設置することをすすめたのも，地方の小図書館運営を重視した結果であると考えられる。だからといって，佐野が図書館運営にかかわる手段に経費を節約する安易さが同居していることを是認したわけではないであろう。図書館理念の確立と現実の図書館運営の乖離は，佐野の解決すべき大きな課題であった。例えば，無料制にしても図書館員の養成やさまざまなサービスの実施にしても，佐野はこれらを公共図書館の基本的な理念として提示した。ところが，この問題は通俗図書館の運営の本旨となるため，国や地方に大幅な変更を迫ることになる。のみならず，その実現のためには，図書館員や民衆が図書館運動などの方法によって，これらに関与するための条件が整備されなければならない。そのことは，通俗図書館から公共図書館への理念の転換を可能とする数少ない手段の一つであったが，その実現は容易ではなかった。

『師範学校教程図書館管理要項』の刊行とその反響

　1911 年 12 月，佐野は米国教育会編『師範学校教程図書館管理要項』の抄訳を自費出版した。佐野が翻訳した原文は，全米教育協会（National Educational Association）特別委員会が作成し，1906 年に出版された，師範学校の図書館教育カ

リキュラム案である。同協会の会議録からの引用については，先にあげた戸野の著作『学校及教師と図書館』(1909) が佐野に先駆けている（赤星隆子，前掲論文）。だが，佐野は早くから，図書館の普及のためにはその大小にかかわりなく「素養ある館員」が必要なことを繰り返し述べ，アメリカでの図書館員養成の実情を紹介していた（「素養ある図書館員」『報告』第5, 1906.3）。また，佐野が繰り返しこの問題をとりあげたことなどもあって，館界への影響は佐野によるところが少なくない。

佐野は「通俗図書館の経営」にも，附録に「米国図書館界の趨勢」を置き，そこでアメリカの師範学校における図書館科の現状についてふれた。さらには，県立図書館について述べる際にも「師範学校生徒に卒業前，図書館管理法一斑を授け置くこと」と図書館員の養成に言及した（「県立図書館の施設並ニ管内図書館ニ対スル任務」『図書館雑誌』19号, 1914.1）。

町村図書館が増設されるにともない，その管理が小学校校長や訓導に委ねられている現状をみて，佐野は，教師が図書館についての理解を深めることを意図した。佐野が，通俗図書館普及のために小学児童の読書趣味を養成することを重視するとともに，彼らの指導者である教師により子どもたちに読書の必要性を自覚させることを急いだ理由には，塩見昇が指摘したとおり，教師の役割への期待があった（塩見昇『日本学校図書館史』全国学校図書館協議会, 1986）。

『師範学校教程図書館管理要項』の出版直後，すかさず和田万吉が同書を「学校教育と図書館との関係に就きて知らんとする者には最も緊切なる参考書」(「佐野友三郎『師範学校教程図書館管理要項』を読みて」『図書館雑誌』14号, 1912.3）と評した。田中稲城も『図書館管理法』(1912年版）において，学校教

員も図書館管理法を学ぶ必要があるとして,アメリカの師範学校で講習がなされていることを紹介した。そして,『図書館雑誌』(20-25号附録, 1914.4-1915.12)には全文が6回にわたって連載された。佐野の提起に対する当時の図書館界の反応をみても,この課題に対する期待の大きさが理解できるだろう。

佐野に師事した山口県室積(むろづみ)師範附属小学校教師の市毛金太郎は,1916年3月『図書館管理法講義要目』(著者刊,1916,謄写版)をまとめた。同書は4学年生徒を対象に,「市町立小学校附設図書館ヲ管理スル方法ノ大意」について記したもので,教授時間は約5時間,主要な参考書を読み,小学校における教育実習の一部として演習を行い,要領を会得させるよう意図された。市毛はその後室積師範学校に転任し,図書館学を正科として転出までの間講義したといわれる。

図書館員養成の急展開

一方,1915年5月,第10回全国図書館大会では図書館管理法を師範学校の教科目中に編入する建議がなされ,可決された(同年9月日本図書館協会評議員会でこの案件が協議されたが,諸般の事情により実現は見送られた)。翌1916年10月の第11回全国図書館大会では,同案件が当局へ「進達」されたことが報じられている。また,同年8月1日から14日まで,2週間にわたって第2回図書館事項講習会(協会主催)が開催された。この講習会は1903年以来13年ぶりに開かれたもので,全国から117名の受講者を集めた。佐野は病を押して上京し「図書館管理法一般」と「巡回文庫」を講じた。

さらに1918(大正7)年6月,文部省主催による全国府県

立図書館長会議でも,第3日には府県立図書館長会議議定要項がまとめられ,その第8には「府県師範学校科目中ニ図書館科ヲ置ク件」,第9には「図書館員養成ニ関スル件」が論議された。この会議には各府県から14名,山口からは佐野が出席した。前者は「文部大臣ニ陳情ス」,後者は「緊要ト認ム」が「其実施方法ハ更ニ考究ヲ要ス」との取扱いがなされた。その翌年,1919年9月22日から10月3日まで文部省図書館講習会が開催され,97名が受講した。文部省が図書館員養成の必要性を認め,講習内容などを日本図書館協会に委任した。

これらの動きとあわせ,地方では図書館講習会が開催された。この講習会は,地域で図書館事業に携わる者,教員などを対象に図書館管理法などの研修を行うもので,1913年の石川に続いて,1917年に新潟,1919年に熊本,山口,1920年に佐賀,岡山で開催された。以降も長崎,鹿児島,京都,千葉,奈良など各地で,地域の小学校教員など図書館に従事する人を対象に,引き続き図書館講習会が開催された。

1921年6月,文部省図書館員養成所が開設され,この国の図書館員養成の道が開かれた。これは『米国図書館事情』刊行の翌年であり,付言すれば佐野が死去した明くる年に相当する。

公共図書館の課題

ここでは,佐野友三郎の県立図書館におけるすぐれた業績についてではなく,町や村の図書館振興にかかる理念と実践を論じたが,それこそが佐野自身,県立図書館長にとって重要な任務として位置づけていたと思われるからである。繰り

返しになるが，佐野が町や村の図書館にとって最も必要であると考えたのは，地域の人々や児童に対するサービスの担い手となる図書館員であった。佐野は図書館員について，次のように記している。「簡易ナル図書館ヲ経営スルニ当リ先ツ要スル所ノモノハ，館員其ノ人ヲ得ルニアリ。図書ノ選択之ニ次キ館舎ノ設備之ニ次ク。図書館ニ図書ノ必要ナルハ勿論ナレトモ，図書ノ選択モ之カ運用モ，必竟館員其ノ人ヲ待チテ始メテ全キヲ望ムヘキナリ。」(「図書館設置ノ栞」『報告』第10，1908.3)

参考文献

石井敦『日本近代公共図書館史の研究』日本図書館協会，1971

石井敦「日本近代公共図書館史」1-50『ひびや』72-139号，1964.10-1990.3

石井敦編『佐野友三郎』日本図書館協会，1981（個人別図書館論選集）

『日本近代教育百年史』7，8巻（社会教育1，2）国立教育研究所，1974

永末十四雄『日本公共図書館の形成』日本図書館協会，1984

奥泉和久「『積善組合巡回文庫』考」『図書館学会年報』29巻1号，1983.3

奥泉和久「教育会図書館の発展過程に関する一考察」『図書館史研究』4号，1987.9

国立教育研究所編『学事諮問会と文部省示諭』国立教育研究所，1979（教育史資料1）

『国立国会図書館三十年史』国立国会図書館，1980

石井知子「三つの『図書館管理法』とその背景：明治の図書館運動に関連して」『図書館学会年報』3巻2号，1956.12

宮地正人『日露戦後政治史の研究』東京大学出版会，1973

熊谷辰治郎『大日本青年団史』日本青年館，1989（著者1942年

刊の復刻版)

　小黒浩司「大逆事件と図書館」『図書館界』41巻6号，1990.3

　山口源治郎「佐野友三郎論：通俗図書館論を中心として」(上)(中)(下)『図書館界』36巻1，2，4号，1984.5-11

　田村盛一『山口図書館五拾年略史』山口県立山口図書館，1953

コラム

> チョット
> ひとやすみ

図書館が，つくられたのは，いつ？

　図書館がつくられたことを表すには，次のような言葉があるようです。設置，設立，開設，竣工，開館式，開館，閲覧開始，一般公開，発足，近年ではスタート，オープンなど。

　戦前の公立図書館は，図書館令によって文部省が設置を認可した日をもってはじまりとされていました。それから建設，実際に利用できるまでには通常1，2年を要しました。ところが市立名古屋図書館は，設置(1916年9月)から開館式(1923年9月28日)まで7年もかかっています。一般の閲覧ができるようになったのは10月1日です。利用者にとっては，利用できるようになった日が図書館のはじまりです。とするなら，図書館令のことはさておいて，サービスがいつ開始されたのか「歴史」を見直してみる必要があるかもしれません。

5章 公共図書館の出現

5.1 都市における図書館の形成

(1) 大橋図書館の創設まで

一時期,官立の図書館(文部省所管)が東京府に移管されたことを例外とすると,この国の首都には明治後期に至るまで公立図書館は存在しなかった。それまではどうであったのか。文明開化とともに,新たに出現したメディアに新聞があった。新聞は,政府による上位下達を実現するコミュニケーション・システムとして登場した。各県は布令などを人々に徹底させるため公費で新聞を購入して,人々に読ませた。開化期には新聞を読むための施設がつくられ,人々に読書の場を提供した。

都市の読書空間

これを都市部についてみると,浅草の新聞茶屋では東京,横浜など諸府県の新聞を揃え,見料をとって読ませた(『愛知新聞』1872.11)。上野公園内には新聞縦覧所が設けられ,上野の森に集まる人々を呼び込んだ(『読売新聞』1876.7.20)。

浅草,上野などに新聞縦覧所がつくられたのと前後して,1873(明治6)年1月,太政官布告(第16号)により,公園の制度が発足することになった。この布告は,各府県に対し

て「人民輻輳の地」や「是迄群集遊観の場所」など，つまり人々が集まる地域を選定して上申するように通達したものであり，東京では浅草寺，上野寛永寺の境内があげられている。江戸から東京へと引き継がれた伝統的な公共空間に，開化のかけ声に導かれ新しい情報空間が生まれた。

神田神保町には諸新聞縦覧館と称し，新聞を置いて無料でこれをみせると新聞広告を出す者があった（『東京曙新聞』1876.7.27）。谷中の湯屋，品川の床屋などでは，客寄せの一策に新聞を置いた。庶民の身近に新聞を読むための施設が置かれ，そこに情報が行き交った。新聞は次第に人々の生活の場に入り込むようになった。

一方で，商業の街には江戸以来の書肆(しょし)（書店）が店をかまえていた。日本橋通の書肆大観堂は，店内に新聞を置き客を集めた（『愛知新聞』1872.11）。南伝馬町の書肆吉川半七（現在の吉川弘文館）は，高価で入手の困難な新刊の翻訳書を置き，見料をとって客にみせた（『日要新聞』1872.6）。

また，都市には自由な読書を貸本屋に求める人々がいた。貸本は一定の代価を支払い，書籍を借覧するもので，明治のはじめには，江戸期以来の貸本屋が引き続き営業していた。このころにはまだ，八犬伝や弓張月など木版本を背負って行商をする貸本屋の姿があった。だが，やがて洋装本が普及すると，本の重さのために行商による営業がむずかしくなり，店舗をかまえるようになった。伝馬町のいろは屋貸本店，芝三田の共益貸本社などは大規模な店舗で知られる。これらの貸本屋は翻訳書，学術書をとり入れ学生，知識人の利用に応えた（『沓掛伊佐吉著作集：書物文化考』八潮書店，1982）。1882年には東京市内に60数軒が貸本業を営んでいた。貸本屋の数

は江戸末期の10分の1にまで減少したが、この時期、庶民の自由な読書生活の一部を担った。

公共図書館の誕生

このころになってようやく、東京にも公共図書館ができた。1887（明治20）年3月、大日本教育会が附属書籍館を設立した。この図書館が後年通俗図書館のモデルとして再生する経緯については、前章で述べたとおりである。同館は、1896年には帝国教育会書籍館と改められ、その後1902年には日本医学図書館を併置した。1907年6月にはさらに私立教育図書館と改称するものの、1909年6月には会員以外の利用を休止するなど、東京には通俗図書館として痕跡をほとんどとどめていない。かろうじて、最後に同館の資料は東京市立一橋図書館に移管され、命脈をつないだ。

大日本教育会附属書籍館は、開館の翌年には入館者が1万人を超えた。1891年には蔵書数は3万冊を数え、その翌年の入館者は3万人に達した。利用者は学生が8割を占め、職業別では商業の従事者が8％で一番多かった（1890年5月）。1892年には閲覧室を増設したことから、閲覧料を1銭5厘から2銭に値上げした。その影響からか、翌年度には入館者が1万人も減った。1894年、同館は貸出を実施したが、有料で、本の価格分の保証金に加え、価格に応じて借覧料が加算され、その合計額が貸出料金となった。

明治30年代には中等教育、高等教育、師範学校、実業教育など学校教育に関係する法制が整備された。そのころには、上京し進学をめざす学生を対象に「遊学案内」が刊行された。これらの書物には、学校のほかにも図書館に関する情報など

を載せて学生の便を図った。『東京遊学案内』（少年園）は，1890年に初版を世に送り出し，1897年には11版を重ねた。この版には巻末に「付録　各書籍館」が置かれ，東京図書館（後の帝国図書館）と大日本教育会附属書籍館が紹介された。

1891年6月10日，樋口一葉の残した日記には，この日から東京図書館に通いはじめたことが記されている。一葉は当時，本郷菊坂町に居をかまえ，上野までの道のりを歩いた。閲覧料は1回2銭であった。その10年後の1902年11月1日，盛岡中学を退学し上京した16歳の石川啄木が（最初の上京），5日後に正則英語学校に入ることを考え，それから1週間後の13日には，小石川小日向台町の下宿から麹町にできたばかりの大橋図書館に通った。閲覧料は3銭（図書）であった。

1904年に刊行された『東京明覧　全』（集英堂）は，図書館を4館紹介している。官立は帝国図書館と名を変え，本郷湯島の教育博物館内の図書館，帝国教育会書籍館，それに大橋図書館が加わった。

(2) 大橋図書館の時代

私立大橋図書館は，博文館の創業者である大橋佐平の嗣子新太郎によって1902年6月に開館した。博文館は1887年に創業し，大衆に向けた出版事業を展開した。日清戦争後の資本主義成長の波に乗り『日清戦争実記』を出版，50万部を売りさばいた。その余勢を駆って1895年には総合雑誌『太陽』を創刊，するとその発行部数は10万部を超えた。出版業成功の折に図書館を設立したいと考えていた大橋佐平は，出版事業の調査のため1893年に欧米を視察した際，どの都市にも図書館があることを知り，公共図書館の創設を決意する。

その佐平の遺志を継いで、新太郎がこの国の首都東京の麹町区上六番町に図書館を開いた。

押し寄せる利用者

大橋図書館の図書求覧券は1枚3銭、雑誌は1枚1銭5厘で、特別券、奨励閲覧券の持参者に限り無料であった。開館時には、満12歳以上に閲覧を許した。翌年度からは、東京市内小学校尋常科5年以上の成績優等な児童に奨学閲覧券を贈呈し、1923年まで継続された。日露戦争の影響で一時期（1904年）、同館の利用が減少するが、1905年には戦争が終結し「人心安堵し、都下の学生も俄に殖え」た。1908年に再び減少するが、これは東京市立日比谷図書館が開館したことによる。それは一時的な減少にとどまり再び増加に転じ、1911年には9万8千人となった（坪谷善四郎「大橋図書館より見たる時代思潮変遷の一斑」『図書館雑誌』16号、1912.12）。この年の1月、館外帯出が実施された。

1904年3月、東京市会が市立図書館の設立を決めるが、財政上の理由から開館は先送りになっていたことなどもあり、日比谷に市立図書館が開館するまでの間、帝国図書館のほぼ半数の利用者が大橋図書館を利用した（表1）。

1910年度における同館の職業別の利用は、学生が65％、無職25％、実業は4.5％、利用者は、所在地である麹町区（35％）、隣接する牛込区（21％）、神田区（13％）の在住者が6割方を占め、四谷区、小石川区がこれに次いだ。本郷区（3.4％）、赤坂区（2.9％）からは、1904年に開通した外濠線（路面電車）に乗り、大橋図書館に足を運んだ。豊多摩郡の利用も5.3％あり、甲武線（現在の中央線）を使って新宿、千駄

表1 東京市のおもな図書館閲覧者数一覧

	帝国	大橋	教育会	東京市立	備考(市立図書館)
1902年（明治35）	138,650	64,350	14,430		
1903年（明治36）	144,526	71,435	14,703		
1904年（明治37）	137,364	70,951	11,063		
1905年（明治38）	126,424	79,828	6,754		
1906年（明治39）	195,344	81,084	5,127		
1907年（明治40）	206,061	94,193	3,353		
1908年（明治41）	226,254	91,590	2,033	21,045	11月日比谷開館
1909年（明治42）	224,813	91,127	411*	234,608	深川，簡易2館開館
1910年（明治43）	223,061	96,578		357,588	簡易3館開館
1911年（明治44）	211,142	98,144		532,755	簡易7館開館

出典　大橋図書館は『図書館雑誌』16号（1912.12），他は『東京市統計年表』（第2回〜10回）東京市役所，1904 - 1913.
備考：教育会は帝国教育会附属書籍館，市立は日比谷を含む全館の合計。

ヶ谷方面からも来館者があった。

　学生時代小石川に下宿し，後に日比谷図書館館頭となる今沢慈海は，植物園の裏手に大橋図書館の立て看板が設置されているのを，「非常な努力」だとの思いとともに記憶にとどめていた（「館にありし頃」『書物展望』2巻3号，1932.3）。1904年から1906年のころにあたる。この看板の発案者は，大橋図書館館長・理事坪谷善四郎であろう。

都市の整備と図書館

坪谷は，後に「交通機関と閲覧者の関係は，頗る密接」だと分析している。日本橋，京橋，麻布の利用が少ないのは，当地に学生が少ないことと，日比谷に赴き，本所，深川も学生が少ないうえに深川図書館を利用するためであり，下谷，浅草の住民は帝国図書館を利用した（「大橋図書館と最近の読書界」『図書館雑誌』11号，1911.4）。このように，坪谷は大橋図書館の利用を分析し，市民が図書館を利用するためには一定の条件があり，それは主に図書館との距離や，交通手段といった都市の機能が大きく関係していることを明らかにした。

明治期の都市改造計画は，1888年の東京市区改正条例によって着手され，1916年まで事業が実施された。市区改正によって路面電車を敷設するため都心部の道路が広げられ，上水道が整備され，そして日比谷公園がつくられた（越沢明『東京の都市計画』岩波書店，1991）。市街電車の敷設は，東京市民の行動範囲を広げ，施設の立地や土地利用にも変化をもたらし，人々の生活を大きく変えた。

東京における営業電車の始まりは1903年8月，品川・新橋間の市街電車の開通であった。1895年1月に初の営業電車が古都京都に出現してから8年後になる。1903年から翌年にかけて3社が東京市内で市街電車の営業を開始，1906年にはこの3社が合併し，交通網の整備が進んだ。1904年には，馬車鉄道が東京から姿を消し，それと入れ替わりに鉄道会社は次々と鉄路を延ばした。田山花袋の『東京の三十年』（岩波書店，1981．初版は博文館1917刊）は，明治期の東京の移り変わりの様子を次のように記した。「電車が出来たために，市の繁華の場所も，次第に変って行った。郊外に住む人も，

買い物をするには，その近所で買わずに，電車で，市街の中心へと出て行った。……主として，電車の交叉するところ，客の乗降の多いところ，そういう箇所が今までの繁華を奪うようになって，市街の状態が一変した。」

1911年8月，都市整備のため東京市は鉄道会社を買収，市電の拡充に乗り出す。当時の1日の乗客数は56万7千人，大正期は市街電車の最盛期となり，1919年には108万人と100万の大台に乗り，1922年には131万人となった（『東京都交通局80年史』東京都交通局，1992）。都市の人口集中にともない交通需要は拡大し，市電の発達が人々と図書館との距離を短縮した。後年，市立図書館の所在地にはすべて最寄りの停留場が示され，縦横に街を走る市電の路線に沿って図書館が置かれているように案内図が描かれた。

(3) 東京市立図書館の時代

大橋図書館は，東京市内の公共図書館の空白期を埋めたのみならず，市立図書館の設立に大きな影響があった。

1900年11月，日本図書館協会の前身である日本文庫協会秋季例会で，東京市立図書館の設立を予定している東京市に対して，同協会へ諮問するよう申し入れることを議決している。当時の会長には，その年の5月に田中稲城が選出されていたが，設立計画は実現しなかった。

東京市立図書館の開館

その後，東京市会議員でもあった坪谷善四郎は，『東京教育時報』(25号, 1902.10)に「東京市立図書館論」を寄稿した。坪谷は，「国家教育の必要機関として，学校と図書館とは相

待て始めて其効用を完ふす」とし，とりわけ高等専門の学科を研究する者は自ずと多くの書を読むことになり，となれば「学校以外に教育上図書館の必要は又多言を要せさる可し」と市立図書館の必要性を説いた。

また，図書館の利用は図書館と住居の位置に関係があり，帝国図書館（上野），帝国教育会書籍館（一橋），大橋図書館（麹町）の3館が市の北端に偏し，東南方の市民を満足させるにはなお数館が必要であるとして，開園したばかりの日比谷公園内に新しい図書館を置くことを提起した。日比谷は元練兵場で，明治の中ごろまでは「夏は砂塵，冬は泥濘で，此方から向うに抜けるにすら容易でなかった」が，市区改正により官庁街，商業，繁華街に隣接する立地条件を得，この国の近代的公園の嚆矢として知られるようになった（小野良平『公園の誕生』吉川弘文館，2003）。

1908年11月，東京市立日比谷図書館が開館すると，翌年からは分館が開館し，数年のうちに帝国図書館に倍する利用者を集めた。東京市立図書館は，創立時から『東京市立日比谷図書館一覧』（以下『一覧』，1915年以降『東京市立図書館一覧』）を刊行した。同書では日比谷図書館の沿革が次のように記された。「本館ハ市民ノ為ニ普通百科ノ図書ヲ蒐集シテ広ク公衆ノ閲覧ニ供スルヲ目的トナスモノニシテ所謂通俗図書館ニ属ス。」（『一覧　自明治41年至明治42年』1909）

東京市立図書館は，前章に述べたとおり「通俗図書館」として計画されたものであった。『一覧』には翌年からは「通俗図書館ニ属ス」を「通俗図書館ノ一ニ属ス」と表現を変え，1913年まで記述されている。しかし，その次の年からは，日比谷について「通俗図書館」とする説明はなされていない。

通俗図書館という呼称は，公衆の利用を目的とする啓蒙・教化のための図書館として，また，あるときは参考図書館に対応する用語にも用いられた。東京市立図書館は，東京市内における中流・下層社会の人々を対象とする通俗図書館として発足したが，その後日比谷が中央館となり，参考図書館の機能を担うことが課せられたことから，この呼称が用いられなくなったと考えられる。

夜間開館の実施と電力需要

日比谷図書館は，開館時から午後9時（10～3月は午後8時）まで夜間開館を実施して多くの利用者を集めた。1913年には日比谷は季節に関係なく午後9時まで，深川は4～6月が午後7時，7～9月が午後9時，10～3月が午後6時まで，各地に置かれた小学校付設分館は，開始時間こそ授業が終わる午後2時半（もしくは3時半）であったが，年間を通して全館9時まで夜間開館を行った（『一覧 自大正2年至大正3年』1914）。

夜間開館の実施は，図書館の運営方針によることはもちろんであるが，当時の電力需要のことも考えておく必要があろう。1900年代初頭は，照明設備の転換期にあたり，ガス燈や石油燈から電燈への移行は次のような条件が整ったことによる。第1に，山梨県駒橋水力発電所の完成によって，1907年12月には東京へ送電が開始されたこと。第2に，それまで屋内の敷設は需用者負担であったが，1905年12月から会社負担となり，敷設のための工事費がかからなくなったこと。第3に，1908年4月に半夜燈（日没より12時まで）が廃止されて，従来の半夜燈の料金で，終夜燈（日没より翌朝日出

まで)の利用が可能となり,事実上の大幅な値下げが行われたこと(引き続き1911,1912年にも値下げ)。第4に,タングステン電球の改良が進み電力の消費量が3分の1になる一方,光量が増大したことである(新田宗雄『東京電燈株式会社開業五十年史』東京電燈株式会社,1936)。

東京における電燈の敷設の様子をよく表しているのが,大橋図書館の夜間開館の状況である。同館で夜間開館が開始されたのは1903年8月,開館から1年後のことである。最初は4月から10月までの7か月で,雑誌閲覧室に限られた。午後6時から9時まで,新聞・雑誌のほか数学,理学,医学,法学に関する図書の閲覧ができた。夜間開館が7か月実施されたのは,冬季はまだ暖房設備が完備されていないうえに,利用も少なかったからで,図書の制限は館員が手薄だったことによる。全室で夜間開館が実施されたのが1912年4月,開館からちょうど10年(表2),部分実施から全館実施までに9年を要したことになる。夜間時の利用者は,1904年度1日平均25人,1909年度は39人。最初は昼間と夜間の間(午後4時ないし4時半から6時まで)に一旦閉館していたが,1911年度からは昼夜連続して利用できるようになった。

大橋図書館の夜間開館が軌道に乗ったころ,小学校付設の東京市立図書館(分館)が次々に開館した。平日6時間の開館時間のうちの半分が夜間開館であったことからすれば,図書館運営は都市機能の整備と相関関係があったといえよう。

(4) 東京市立図書館の機構改革

前章で述べたとおり,1910年代(大正初期)は全国的に図書館が急増した。だが,設置が進んだのはおもに農村部の

表2 電燈の取付数の変遷と夜間開館の開始状況

期間	電燈	図書館の夜間開館の状況／電燈の普及
1904	103,877 燈	1903.8 大橋－夜間開館開始
1905	122,892	＊電燈付線工事会社負担に
1906	181,687	
1907	252,082	
1908	334,395	日比谷開館　＊半夜燈廃止（事実上の値下げ）
1909	409,014	牛込，深川，日本橋
1910	482,220	小石川，本郷，浅草
1911	601,585	京橋ほか6館　＊電燈料金値下げ
1912	960,584	大橋－各閲覧室夜間開館，氷川ほか2館 ＊電燈料金値下げ
1913	1,268,530	市立－開館時間延長
1914	1,415,387	中和，両国

出典 『東京電燈株式会社開業五十年史』（東京電燈株式会社, 1936）
注　電燈の取付数の期間はいずれも「下期末」

小規模な図書館であった。1914年6月時点における東京市の図書館数は，市内15区に19館であり，設置数だけをみれば大正末年までの10年間にわずか1館しか増えていない。

ところが，この時期の東京市立図書館は「黄金時代」あるいは「発展期」とされ，その評価は現在も変わっていない。東京市立図書館は，開館から5年後には方向転換を図り，充実期を迎えたとする見方である。

都市における図書館利用

第1次世界大戦後の都市では，伝統的な自営，職人層以外

の雇われて働く人々は三つの集団を形成していた。第1が日雇労働者や各種不熟練労働者,零細自営層や職人の一部を含む都市下層であり,第2が工場労働者(これらは日給制),第3が官・公吏,教員,会社員,銀行員などを含む新中間層であった。大戦後の急速な経済の拡大によって,都市には俸給生活者が増加し新たな階層を形成した。1920年代以降になると新中間層といわれる人々の関心は,生活水準の上昇とともに基礎的な領域から社会的,文化的な領域へと移っていった。図書館の利用者には新しい階層が加わるとともに,貧困階層から脱した人々なども押し寄せ,にぎわいをみせた。

東京市立図書館には,そのときどきにさまざまな利用者が訪れた。当時の新聞は図書館利用の様子を報じたが,その見出しからも地域によって利用者層が異なることがわかる。

深川図書館「労働者が大部分」(『都新聞』1915.5.31)

同館「乞食も閲覧する深川の図書館」(『読売新聞』1922.8.20)

一橋図書館「食事時の公設簡易食堂を見るような雑踏」(『読売新聞』1922.9.18)

日比谷図書館「大持てなのは商工業書」(『都新聞』1923.10.28)

機構改革の実施

1915年4月に実施された東京市立図書館の機構改革は,前年に教育課長戸野周二郎が転任し,その後任に就いた守屋恒三郎(それまでは日比谷図書館主幹)の構想による。これまで,日比谷図書館をはじめ市立各館はそれぞれ独自に運営され,全体の統一がなく相互に連絡を欠いた,との理由から「図書館体系ヲ作リ,益経済的ニ図書館ヲ運営」する目的を

もって機能を分化するための改革が着手された(『一覧　自大正4年至大正5年』1916)。当時の東京市の緊縮財政とも方針が一致したといわれているが、これによって日比谷に「館頭」が置かれた。館頭には市立各館の館務を「掌理」することが課され、日比谷を中心とする市内19館の図書館網が完成した。

機構改革以降、市立図書館の利用は、関東大震災前までの6年間で1.5倍に増加し、新聞・雑誌の利用は7倍となった。直接には以下に述べるように、利用者中心の図書館運営が打ち出されたこと、間接的には1915年に雑誌の発行部数が1千種にもなり、これが大正デモクラシーの原動力となるなど、出版の大衆化が進んだことが図書館利用を促した。

機構改革によってサービスや図書館業務が改善された点について、清水正三は、①閲覧時間の延長、②閲覧料(日比谷以外無料化)、③館外貸出重視の方針、④開架の促進、⑤図書の選択方法の改良、⑥同盟貸附制度の新設、⑦印刷カードの採用、⑧整理業務並びに経理業務の合理化、と整理した(「1915(大正4)年における東京市立図書館の機構改革とその成果について：永末十四雄『日本公共図書館の形成』中の「東京市立図書館」についての論述に関連して」『図書館史研究』4号、1987.9)。開館時間の延長(とりわけ夜間開館)が、機構改革に先立って実施されたことはすでにふれたとおりである。

無料化、貸出

ここでは、清水の整理した②から④について、具体的にサービスの改善に関する変遷を検証しておこう。

第1は、閲覧料の無料化である。東京市立図書館は、1908

年11月に日比谷,翌年9月には深川が開館するが,当初単独館はいずれも閲覧料は有料であった。無料化は,1909年に牛込,日本橋に簡易図書館が設けられた際に実現された。日比谷,深川,一橋以外の簡易図書館(1913年からは自由図書館)は,1914年までに計17館が設立され,これらはすべて無料であった。翌1915年4月の機構改革によって深川が,1921年4月には日比谷の新聞・雑誌が無料になり,日比谷の成人閲覧・貸出以外は無料化された。

　第2は,貸出(当時は館外帯出)の重視である。館外への貸出は,1910年6月に日比谷,1912年5月に牛込,日本橋,1913年4月に深川で開始され,その後1915年10月には全市立図書館で実施された。貸出の利用は機構改革後の6年間で3倍に増えた。1915年度の貸出は14万6千人で館内閲覧(当時,普通閲覧)99万3千人の15％にすぎなかったが,6年後には45万6千人となり,館内閲覧者数の約半数を占めるまでになった(表3)。

　貸出は,その実施自体もさることながら,貸出方法が改善されたことによる効果もみておく必要がある。市立図書館における方法は,大正期の15年余の間(1910〜1925年)に八つの貸出方式が各館の実情に応じて採用されたようだ。貸出方法の改良に積極的だったのは館頭の今沢慈海で,1921年に竹内善作が日比谷図書館に移った際,竹内は今沢から貸出方法の変更を命じられた。竹内は,ブラウン式を選び,これを日比谷の制度に合わせ修正を加え,「捺印移動式」なるものを生み出し,また,1925年には浅草図書館で,少数の館員で大量の貸出をこなすために,さらにこれに改良を加え,「修正移動式」なる貸出方法を編み出したという。

表3　東京市立図書館閲覧者数

(単位:千人)

	普通	新聞雑誌	児童	館外帯出	計
1915年度 (大正4)	993 (68.9)	61 (4.2)	241 (16.7)	146 (10.2)	1,441 (100)
	100	100	100	100	100
1917年度 (大正6)	815 (50.9)	284 (17.8)	208 (13.0)	293 (18.3)	1,600 (100)
	82	466	86	201	111
1919年度 (大正8)	835 (46.7)	340 (19.0)	218 (12.2)	396 (22.1)	1,789 (100)
	84	557	90	271	124
1921年度 (大正10)	943 (43.4)	461 (21.2)	290 (13.4)	456 (21.0)	2,171 (100)
	95	756	120	312	151

出典　『東京市統計年表』(第14, 16, 18, 20回) 東京市役所　1917, 1920, 1922, 1924.

備考:上段の数字が閲覧者数。かっこ内が割合。下段の数値は1915年度を100とした経年変化を示す。上の表で，1915年度から1919年度まで市立図書館数は19館。1921年度は20館で，日比谷特別閲覧人30千人 (1.5%) を含む。「普通」は館内閲覧を，「館外帯出」は館外への貸出を意味した。

開架の促進

　第3は開架の促進である。1909年9月に開館した深川図書館は，八角形の書庫と扇形の事務室に面した外側を閲覧室とし，書架の外部を金網で蔽い，ガラスの嵌戸を用い，利用者から背文字がみえるように図書を排架するという設計上の工夫が凝らされていた(『東京市立深川図書館一覧　第1報』1910)。

これを半公開書架という。このことによって利用者は,十分とはいえないまでも直接図書に触れることができるようになった。麻布図書館は,1913年2月に開架式を採用したといわれている(『市立図書館と其事業』61号,1932.4,以下『其事業』)。当時の公開書架は安全開架式といい,閲覧室へ図書を持ち出すときには出納台での手続きが必要であった。それでも利用者が直接に図書を自由に選択できるようになったことは,図書館と利用者との関係を大きく変えた。

　市立図書館は,機構改革に際し一部あるいは全部について「書庫開放主義」をとり,参考図書,新着図書,児童閲覧室内の書架は「開放主義」をとるという方針を打ち出した(『一覧　自大正4年至大正5年』1916)。1925年4月,関東大震災で全焼した両国図書館が両国公園内に新築された際,自由開架方式(現代のような開架閲覧)が採用されたことが写真で確認できる(『其事業』27号,1925.2)。大正末年には,市立20館のうち書架を公開している館が13館,半公開が2館と,4分の3の館で書架の公開が実施された(『一覧　大正15年』1926)。

相互利用

　さらに特筆すべきは,同盟貸附である。同盟貸附とは,現在の相互貸借のことで,このサービスは「或る図書館にない図書でも,御希望によつては他の図書館から取寄せて,御覧に入れる方法」として,図書館から自転車に図書を乗せて運搬する姿が館報の「表紙」に写真入りで紹介された(『其事業』12号,1923.3)。1915年5月にサービスが開始されると,翌1916年1月から6月の半年間で4,136冊の利用があり,効率性と経済性を兼ね備えた制度として普及した。1919年3月には

『市立図書館増加図書目録』(月刊)が発行され，各市立図書館の所蔵状況と「同盟貸付図書」が一覧できるようになり，サービスを後押しした。1919 年当時，月平均 600 余冊の利用があったことが，目録（3 号，1920.4）にも紹介されている。

　そのほか，機構改革を機に実施された業務の一例を示すと，それまで市立各館で個別に行っていた選書を，日比谷図書館を中心に地域の状況を考慮して実施する方法に改めたことがある。専門書や高価な図書は日比谷が一括して収集し，各市立図書館はもっぱら通俗的な図書を収集することになり，各館は必要に応じて日比谷から取り寄せることになった。

5.2 新たなサービスの展開

(1)「公共図書館は公衆の大学なり」

　1921 年 10 月，東京市立図書館は，図書館報『市立図書館と其事業』を創刊し，館頭今沢慈海の「公共図書館は公衆の大学なり」が巻頭を飾った。その前年の 5 月，今沢は第 15 回全国図書館大会の第 2 日目（京城）に「公共図書館の使命と其達成　人生に於ける公共図書館の意義」と題して講演を行っている。

　　「公共図書館とは，公有或は公営に属し，公衆に対して公開せる図書館にして，最大多数の為に，其生涯を通じて，最も経済的に内外の古今の良書を供給し，彼等をして各自の趣味能力に相応して，自由に閲読せしめ，彼等自身をして自発的に教育修養せしめ得る所なり。」

　今沢はこれに続いて，公共図書館としての役割を列挙し，図書館が果たすべき任務を明示した。

市民生活と図書館

この講演は,公共図書館に新たな時代の到来を告げるもので,講演のエッセンスともいうべき一文が,創刊された図書館報の冒頭に置かれたのであった。

ここで今沢は,真の文化的発達は社会の一人ひとりが自由な意志によって自らを教育することではじめて可能になる,と述べ,「此目的の達成に最も有力なる機関は公共図書館」にほかならないことを宣言した。今沢は,このように大正期の自由主義的な思想を背景にした図書館理論を掲げ,「市民の実生活に貢献」(「市民生活の要素としての図書館」『図書館雑誌』58号,1924.6)しうる図書館こそが,市民から求められる公共図書館となりうることを提起したのであった。

館報の創刊にあわせて,市内の電車内に図書館の絵入り広告が出された。翌11月には色刷りの宣伝ビラが用意され,一斉に浴場,理髪店,盛り場などに貼り出された。続く第2号(1921.11)の表紙には「皆さんが,幸福な生活をお求めなら/愉快に御執務なさるには,東京市立図書館へ」と,図書館が市民生活や仕事の有効な一助となることを呼びかけた。

図書館報の発行

図書館が利用者への広報活動を意識しはじめた背景には,利用者自身が大衆化の方向へと向かいつつあることや,生活様式や意識が多様化し,人々の間に新聞広告などによる情報伝達に対する関心が高まったことなどがあげられる。図書館報は,広報の有効な手段としてクローズアップされた。このことは同時に,図書館のサービスが地域に生活する利用者との関係のうえに提供される時代となったことを意味する。

1900年7月に刊行された『図書館管理法』（文部省）では，館報についても言及し，「若資金アラバ図書館報ヲ出シ定時ノ刊行トシ図書館ニ関スル報告，最近ノ増加書，特別事項ノ書目，図書使用法」などを掲載すれば「公衆ノ便少ナカラザルベシ」との記述がある。また，天野敬太郎・森清編『図書館総覧』（青年図書館員聯盟，1938）には，『其事業』の創刊以前にも帝国図書館のほかに数館が図書館報を発刊していることが記されている。だが，それらはたとえ館報と銘打たれていても，「報告」「一覧」「年報」など理事者や管理者への報告書の性格が強い。それが大正期に入ると，館報はそれまでと比べて利用者との関係を考慮しなければならなくなり，自ずと利用者を意識した内容へと変化していく。これは図書館の運営が，管理者主体から利用者主体へと転換する時期にさしかかったことを示している。『山口県立山口図書館報告』（1905年創刊）は「報告」の名を冠しているが，国の図書館事情や図書をめぐる各種の論説・記事を掲載し，『報告』第20（1915.3）には，佐野の本格的な論文「通俗図書館の経営」が掲載された。「報告」という名称ではあるが，それまでの「報告」「一覧」などとは区別されるべきであろう。

『市立図書館と其事業』の創刊

　東京市立図書館は，『其事業』の前に1917年『東京市立図書館報』を創刊し，11号（1910.4）まで発行していた。この点からいえば『其事業』は，図書館報の復刊ということになる。だが，創刊に際しタイトルから「東京」の2字が除かれたこと，そこには同館報が単に一市立図書館の館報にとどまらず，竹内善作をして「わが公共図書館の将来の標的たらし

めよう」(「その頃のことども」『図書館雑誌』35巻10号,1941.10)といわしめたとおり,当初から発行の趣旨には従来とは異なる意図が明確にあったことをも考えなければならない。

『其事業』は,竹内善作によって編集されたことが知られている。竹内は1911年9月,東京市臨時雇として四谷簡易図書館に入った。1913年5月には一橋図書館に移り,1917年には,児童倶楽部一橋研究会を設立した。竹内には,一橋時代の活躍があり,さらには館界に入る以前は印刷工としての前歴があった。その腕を今沢に買われ,1921年1月,日比谷図書館へ移り,新しい館報の創刊に携わることになった。

『其事業』は,1938年に廃刊されるまで77号を発行し,欧米の先進的なサービスを紹介し,今沢,竹内による論文を毎号のように掲載した。また,市立図書館で実施している新たなサービスや業務を写真入りで紹介し,機構改革後のサービスの実施状況を全国に情報発信した。

利用者への接近

主題別の図書目録は当時の社会の動向を反映させるものであり,資料提供への道を拓いた。例えば,一橋図書館は,歯科医師試験規則公布(1921年10月施行)に合わせて目録を作成し(『其事業』4号,1922.1),浅草図書館では,受験生の増加に対応して,地域の学生向けに参考書などを紹介した(同上33号,1926.2)。1918年12月には臨時教育会議の答申をもとに,大学令,改正高等学校令が公布され,民衆の進学要求に応えた中等,高等,専門教育機関が拡充された。人々の教育への関心が高まり,進学者は大幅に増加した。大正期は,教育の面でも大衆化を迎えた。「目録」は資料のプロフィー

ルとなって,地域の利用者を図書館へと誘った。

また,1925年3月に普通選挙法案が修正可決されたことを受けて「憲政に関する図書目録」(『其事業』37号,1926.10)が編まれた。この目録には掲載した図書のほとんどに,数行の内容紹介が付され,近く実施される普通選挙についての理解と明治維新以後日本に発達した憲政の研究のため,との編集目的が記されている。最初の普通選挙は,第16回総選挙として1928年2月に実施された。図書館報に「増加目録」を掲載したり,主題別の目録を掲載する例はあっても,時代と地域の動向を反映する内容をもつものはほかに例がない。

このように,地域の状況に応じた図書館サービスが行われるべきという竹内の理論は,館報の「目録」に反映された。以下の目録は『其事業』に掲載されたものである。

　　日比谷図書館「店頭及室内装飾に関連する日比谷図書館図書目録(抄)」(『其事業』10号,1923.1)
　　同館「日比谷図書館の蔵書に依る商工案内　取引関係の部」(同上20号,1924.7)
　　牛込図書館「工芸に関する牛込図書館図書目録(抄)」(同上10号,1923.1)
　　日本橋図書館「日本橋図書館に於ける商業学力検定試験受験参考書目録」(同上39号,1926.12)

そして,関東大震災後には市民生活,ことに娯楽や住環境の変化に対応するために各種の目録が作成された。

　　日比谷図書館「東京を中心としたピクニック用参考図書目録」(同上19号,1924.6)
　　同館「住居に関する目録」(同上35号,1926.4)

東京市立図書館の小谷誠一は,図書館資料と利用との関係

を述べるなかで,図書館報などによる広報活動の直接的な効果に言及している。図書館は蔵書があるだけでは存在理由とはならず「公衆の用に供せられて初めて意義」があり,そのためにも,第1に公衆に接近し,第2に公衆の注意を呼び起こす課題があることを指摘した。その際に館報は「図書館広告の手段として最も有力な媒体」(「そここゝの図書館報」『其事業』31号,1925.10)となるとの認識を示した。

(2) 地域における図書館の機能と役割

東京市立図書館の機構改革についてはすでにふれたが,この改革に問題がないわけではなかった。1908年,中央館として日比谷が置かれ,その後深川,一橋は独立の分館,それ以外の分館は小学校に付設された。分館は校舎の一部を利用して,管理・運営は当該小学校長に任された。この運営方法は,東京市立図書館発足当時の東京市助役,田川太吉郎と戸野周二郎によって推進されたようだ。これに対し,1912年京橋図書館に配属された主任の久保七郎は,分館のあり方について批判的にとらえ,日比谷を中心とする機構改革と併行して,地域における図書館の役割を模索することになる。

久保七郎と京橋図書館の改革

1911年,京橋図書館は他館と同様,京橋尋常小学校に付設された。当時は簡易図書館と称され,事務室と書庫が校舎の一隅の9坪(約30㎡)ほどの部屋に,児童閲覧室には普通教室一室が割り当てられた。午後3時30分の開館時間になると,物置から折り畳み式の閲覧台が出され,84坪(約280㎡)の雨天体操場が閲覧室に使われた。このような条件下で

はあったが，書庫の入口付近に1千冊の半開放書架を設けるなど，利用者への最大限の便宜を図った。同館は独自で地元有志の寄付により豊富な蔵書を築き上げ，立地条件のよさ，久保の努力などによって，1日の閲覧者平均350名を集めた。貸出者数も小学校付設図書館のなかでは常に上位を占める一方，「本館帯出者ハ商工業者其首位ヲ占メ」ると報告されたとおり，地域の人々の生活を支えるサービスを展開した。

久保は，東京市立図書館のあり方について，いくつかの問題点を指摘した。第1に，簡易図書館という名称は「図書館の利用を阻害する」こと。第2に，図書館が小学校に付設されていたのでは閲覧時間などが制約され，一般大衆のものとして発展が望めず，したがって独立させるべきであること。第3に，市立図書館ではなく，区に移管すべきこと（久保七郎「京橋図書館の復旧に際して」『其事業』53号，1929.11）。

簡易図書館の呼称は，当初日比谷，深川が通俗図書館と称しながら閲覧料を徴収していたため，通俗図書を「無料」で手軽に閲覧できる図書館の意味から，これらと区別するために用いられたといわれる（『千代田図書館八十年史』千代田区，1968）。しかし，簡易図書館が無料による利用の簡便さをいうにしても，独立館との格差を利用者に印象づけるとの意味からであろう，久保はこれを弊害ととらえた。

1913年4月，簡易図書館は自由図書館となり，その後館名には自由も付されなくなった。行政上の理由から，区立図書館の実現はならなかったが，それでも付設館を独立館とするには京橋独自で財政上の課題を克服せねばならず，在京軍人京橋分会に演武場建設計画があるのを知った久保は，1916年これに図書館を包含する計画を提案する。以来数年，京橋

区内有志者の寄付金の募集に奔走し，1921年金六町に京橋会館附属の建物として図書館の起工にこぎ着けた。翌1922年3月には京橋尋常小学校から移転，4月に閲覧を開始した。

当時の蔵書数は1万1千冊，久保の設計により，市内では初の本格的な公開書架による閲覧を実現した（『其事業』12号，1923.3）。同館はまた，児童閲覧室，婦人閲覧室を備えた。独立館になってわずか1年余り，初年度の館内利用者数は11万人で，日比谷の40万人，一橋の29万人，深川の15万人には遠く及ばないが，館外貸出者数は3万9千人を記録して，一橋の3万3千人，深川の3万1千人，日比谷の1万9千人を上回った。ここに久保の運営上の理念が反映されている（表4）。だが，開館後1年半あまりで関東大震災に遭遇し全焼，蔵書とともに烏有に帰した。1929年，震災後に再建された京橋図書館は，戦前の代表的な開架式の図書館として知られることになる。金六町の図書館に携わった久保によって復興計画がなされ，久保が退職した後を秋岡梧郎が引き継いで，利用者本位の図書館を完成させた。

表4　東京市立図書館利用者数　1922年度（独立館）

（単位：人）

	館内	館外	合計	一日平均
日　比　谷	406,097	19,953	426,050	1,287
一　　　橋	294,421	33,175	327,596	1,027
京　　　橋	111,459	39,588	151,047	463
深　　　川	158,100	31,246	89,346	570

出典：『市立図書館と其事業』12号，1923.3

関東大震災の前と後

1923年9月に起こった関東大震災は大都会を一瞬のうち焼き払った。大震災による被災の影響から66万の市民が市内(旧市域)を離れ、その半数が郊外(新市域)に住居を求めた。すでに大正の中ごろから市内の人口の増加傾向がみられたが、私鉄が郊外に営業距離を延ばすと、人々はそれに応じて生活の領域を広げていった。震災を境に市内と郊外の人口は逆転し、1925(大正14)年には市内が17万7千人減少して199万5千人に、郊外は92万6千人増え210万人となった。次の表(表5)によって、震災前後の職業別利用者を

表5 東京市立図書館職業別閲覧者数

(単位:千人)

	学生・生徒	実業従事者	官公吏・軍人	記者・教員*	雑業	無職	計
1921年(大正10)	1,341 (61.8)	387 (17.8)	58 (2.7)	25 (1.1)	56 (2.6)	304 (14.0)	2,171 (100)
震災前	100	100	100	100	100	100	100
1923年(大正12)	865 (64.1)	197 (14.6)	36 (2.7)	14 (1.0)	51 (3.8)	186 (13.8)	1,349 (100)
	65	51	62	56	91	61	62
1925年(大正14)	1,145 (56.2)	438 (21.5)	58 (2.8)	18 (0.9)	106 (5.2)	273 (13.4)	2,038 (100)
震災後	85	113	100	72	189	90	94

出典 『東京市統計年表』(第20, 21, 23回)東京市役所 1924, 1925, 1927.
備考 震災前を100とした閲覧者数の比較。
 *記者・教員:宗教家を含む

比較することができる。「官公吏・軍人」は変化がなく「記者・教員」が減少しているのに比べ、「実業従事者」（商工業）、「雑業」が増加している。とくに「雑業」は、震災後2倍近くになった。市内の利用増加のなかにも、新中間層と呼ばれる新たな利用者が加わっていることがうかがえる。

竹内善作と地域の図書館

震災後の1924年8月、竹内善作は日比谷から浅草図書館に転じた。竹内は、赴任した館で住民の利用を高める一方、図書館業務について研鑽を積み、実務の改善に力を注いだ。「公共図書館の郷土化に就て」という論文では、民衆化と社会化が公共図書館の経営に欠如しているのみならず、現状は公共図書館の郷土化すらおぼつかない、と指摘した。ここでいう郷土化とは、必ずしも「所謂郷土誌料の蒐集を意味」するものではなく、「種々の複雑した社会の状態関係等」により「図書館の民衆化」をめざすものだと竹内は論じている（『其事業』29号、1925.4）、図書館がいかに地域や市民の生活にかかわりをもって、運営を進めていかなければならないかを提起した。

また、竹内は浅草図書館をフィールドにして、「図書利用の範囲を知悉するためと、所在地附近の住民の業態」を知るために、詳細な職業調査「浅草図書館館外帯出閲覧人及保証人職業別統計（大正14年6月末現在）」をまとめた（『其事業』31号、1925.10）。さらには、遠方からの来館者についても住所別、職業別の調査「遠距離来館者に対する観察と浅草図書館の経営に就て」（同上32号、1925.12）の分析を行った。「図書館の民衆化」をめざすうえで、地域の利用状況を分析し社会

階層の実態把握に必要な基礎的な作業を欠かさなかった。このように，竹内は図書館理論の実践者としてすぐれていただけではなく，実務をとおして確固たる理論を築き上げた。

　竹内の小図書館経営論も，実務に裏づけられている。新聞・雑誌の利用が機構改革以降に急増したことは，すでにふれたとおりである。これらの資料を豊富に所蔵しているのは，参考図書館たる日比谷図書館である。だが，竹内によれば，雑誌はむしろ「小図書館経営の羅針盤」となる。なぜなら，雑誌等は時勢が絶えず推移し変転する社会状況のなかで，単行本に比べて，比較的新しい知識と事実とを，容易に供給しうるからで（「定期刊行物礼賛」『其事業』39号，1926.12），経費が限られる図書館経営に有効だというのである。

　利用状況をみれば，一橋図書館は学生の利用が多く，雑誌の利用の上位には『中学世界』，『中学文章』や教育関係など学生向けの読み物が多数を占めている。かたや商業，歓楽街浅草では，学生とともに商工業者の利用が多く，『文芸倶楽部』，『講談倶楽部』や映画，演劇の娯楽雑誌が上位にあがっている。一橋，浅草両館の地域の事情が反映されている。

　では，「婦人雑誌」はどうか。浅草図書館での上位には『婦人倶楽部』，『婦人公論』，『女性』，『主婦之友』がみえる。だが，一橋では統計がとられていない。婦人雑誌すべてを婦人閲覧室の公開書架に備え付けたことによるもので，それだけ利用が多かった。

　この時代は，中流階級の生活水準を維持するため女性としての自覚をもち，職業に就く女性が増えた。彼女たちはいわゆる職業婦人といわれ，その9割が新聞，8割が雑誌を購読した。雑誌購読のうち半数以上は婦人雑誌を購読していた

(『職業婦人に関する調査』東京市社会局,1924)。

女性の社会進出の背景にある,女子の中等教育普及の状況もみておこう。高等女学校では,1912年は209校,生徒数64,871名,15年後の1926年には663校で299,463人となり,大正期の15年で学校数が3倍,生徒数は4.6倍となった。

サービスの確立

東京市立図書館は,地域住民の意識や利用要求を調査することによって,地域や社会の動きに関する図書館の情報提供の役割があることを,『其事業』をとおして明確に打ち出した。図書館の民衆化・社会化は,図書館が利用者の動向と不可分の関係にあり,地域住民の需要に応じたサービスを提供することで実現すると考えられたからである。その第6号(1922.3)は,裏表紙に「東京市立図書館の栞」として,次のように各種サービスを案内した(かっこ内は筆者が要約)。

①閲覧の手続は極めて無雑作(日比谷以外は閲覧料無料)
②新刊図書(新刊書をわかりやすいところに展示)
③新聞雑誌(各館は大抵の新聞雑誌を備え,日比谷は外国のものも豊富)
④館外帯出(貸出期間は10日間)
⑤同盟貸出(他館から取り寄せて閲覧できる)
⑥児童部(各館で児童サービスを実施)
⑦図書の調査(「図書問合用箋」か電話,往復はがきで資料紹介に応じている)

同館報がこれを報じたのは,機構改革から7年後に相当する。開館時間の延長,開架式閲覧が広く普及したため,ここにはとりたててサービスに位置づけられていない。ここでは,

このなかからさらに，⑥「児童部」と⑦「図書の調査」について検討を進める。

(3) 児童サービスの推進

1903（明治36）年7月，県立山口図書館が公立図書館としてはじめて児童室を設置し，児童サービスを実施した。続いて1905年4月には，京都府立図書館が児童室を設置，無料公開した。以後，各地でも児童のためのサービスが行われるようになり，1913年ごろ，石川県立図書館の児童室では「ストーリー・アワー」の時間が設けられ，毎週1回読み聞かせが始められた（『図書館雑誌』19号，1914.1）。

だが，児童サービスが本格的に実施されたのは，東京市立日比谷図書館の開館以降のことである。大正期の東京市立図書館における積極的なサービスなくして児童サービスの成功はあり得ず，首都東京におけるサービスの展開が世論形成に与し，その意義を決定づけたといえよう。

日比谷図書館におけるサービス

市立日比谷図書館は，開館と同時に児童室を置いた。そして，1913年8月には児童への館外貸出を開始，1915年4月には閲覧料の無料化を実施した。1921年には市内20館に児童室あるいは児童コーナーが置かれ，そこでは児童を対象にした講演会，読物展覧会，お話会などがさかんに行われた。

これらの背景には，1918（大正7）年に鈴木三重吉による『赤い鳥』，1922年には『コドモノクニ』，『金の鳥』，『金の星』（『金の船』を改称）などの童話雑誌が創刊されたことなどがあった。農村部で児童雑誌に接することができる人は上層の知識階級

に限られ，また市外でもこれらの雑誌を読む機会は多くはなかった。

　今沢慈海は竹貫直人(たかぬきなおんど)とともに1918年『児童図書館の研究』（博文館）を著し，1921年には『児童読物』（三省堂）を編纂した。『児童読物』は，児童読物の図書目録で，この分野の研究はさかんになってはいるが，まとまった書目がないことから，読み物作者に直接推薦を求め，編纂したものである。『其事業』が8号，17号を特別号と銘打ち「児童図書目録」に充てたのも，同様の理由からだと考えられる。この「児童図書目録」は館報の域を越え，本格的な参考図書目録の形態をもった。

　『日比谷図書館児童図書分類目録』50p（『其事業』秋季特別号，1922.10）

　『増訂　日比谷図書館児童図書分類目録』62p（同上　春季特別号，1924.3）

　以後，毎年の児童書の増加分については，『児童読物』（日比谷図書館児童部編）に収められた。

　日比谷では図書館運営の方法などについて，他館からの問い合わせに応じていたが，児童図書館の運営に関する照会が最も多かった。「児童図書目録請求」は，1924年3月から7月の46件（総数）の問い合わせのなかに，19件もあった（41％）。これによっても，日比谷の「児童図書目録」に対する地方の図書館からの反響がいかに大きかったかがわかる（小谷誠一「照会を通じて見たる図書館界の一面」『其事業』23号，1924.10）。

　加えて「児童図書目録」作成には次のような意図もあった。秋季特別号（1922.10）の裏表紙には「この目録の使ひ方」が，本文よりひと回り大きな活字で丁寧に述べられている。図書

の利用方法,目録の見方が細かく説明され,その末尾には,数年後に普通図書を利用する児童のために,その利用方法を指導する目的でこの目録が編纂されたことが記された。

地域の児童へのサービス

関東大震災から復興した両国図書館は,普通閲覧席60名に対して,婦人・児童室20名定員の広さが確保されていた。また,本所図書館は児童室の案内によれば,①当館では「可愛い坊ちやん嬢ちやん」のためにお伽噺や歴史譚,理科,物理あるいは中学受験用参考書を約400冊,そのほかにも有名な児童用雑誌絵本を毎月十数種を揃えていること。②係員がついているので「お心配の点は少しもありません」。夕方になれば「注意してお帰し」すること。③近日中に大人と同様に「御本をお家へ借りて行けるやうにする」(『其事業』27号,1925.2),と広告された。新中間層の家庭には,専業主婦となり子どもに高い教育を与え,教育家族的な子育てを行う女性も増えた。図書館には,このような家庭の子どもたちも訪れた。

実際に,児童室を利用した地域の子どもたちの様子はどうだったのだろうか。当時の浅草図書館は,図書閲覧席の定員54名,新聞雑誌閲覧室の定員46名。それに比べて児童室の定員は8名で,そこには1,100余冊の児童書が置かれた(1927年11月現在)。だが,児童室は5坪(約17㎡)ほどのスペースがあるだけであった(閲覧のための座敷2坪,貸出のために3坪)。館内閲覧と貸出をあわせると,年間に3万1千人の児童が押し寄せたことになる。浅草図書館を利用する児童の保護者の職業は,約8割が商工業者であった(「浅草図書

館館外帯出児童保護者職業調査表」『其事業』42号, 1927.11)。

　震災後, 各市立図書館は復興に努め, 利用態勢を整えたが, それでも児童の旺盛な読書欲を満たすには至らなかった。竹内は, 児童室は「孰れも狭隘で見る影もない」, 彼らはこの「あはれな部屋」で, 廊下や階段にまであふれて, 実に熱心に書物を読み耽っている, この狭い場所で, 目白押しに並んで, 一生懸命に自宅へ借りてゆく図書を選んでいる, と嘆いた(竹内生「児童は図書館をどう見てゐるか」『其事業』42号, 1927.11)。

(4) レファレンスサービスの意義

　東京市立図書館にみられるサービスの変化は, 民衆の教化施設として普及してきた通俗図書館からの転換を促すものでもあった。それは, 図書館における利用者中心の運営が打ち出されたことによる。

　竹内善作が「公共図書館の郷土化に就て」において, 図書館は地域や市民とのかかわりのなかで「図書館の民衆化」をめざすべきだと述べていることはすでにふれた。またここで竹内は, 新たに赴任した浅草図書館の運営について, 民衆化と社会化が実現されていないのは, 地域社会の利用要求を反映できず一律的な運営を強いられているからであり, そうした現状を「所謂通俗図書館の型を脱せず」と批判している(『其事業』29号, 1925.4)。ここで興味深いのは, 1925年の時点で, 通俗図書館という呼称が, 公共図書館によって克服されるべき指標ともいうべき意味に用いられていることである。

サービスの定着へ向けて

　ニューヨークの図書館学校で図書館学を学んだ毛利宮彦は,

アメリカの図書館でレファレンスワークが重視されていることを紹介し、書架開放や館外貸出の実施の重要性を述べた。そして、図書館は「各々の個性に適応する様な多種多様な材料を網羅して、それを出来るだけ便利に出来るだけ自由に供給」（毛利宮彦「個人と図書館」『図書館雑誌』29号, 1917.2）しなければならないとし、大正デモクラシー思想を背景に、利用者の自由な利用を促す図書館運営を提起した。

レファレンスサービスを最も早く導入したのは、帝国図書館であった。だが、わが国の公共図書館の重要なサービスとしてレファレンスサービスが定着するには、児童サービスと同様、日比谷図書館の実施を待たなければならなかった。今沢は、図書館における業務でレファレンスサービスなどの対人業務は「図書館の独特な対社会的業務」であり、「知識の資源たる図書館の材料を実際の利用に供する仕事」（今沢慈海「図書館の技術的及び管理的業務の一斑」『其事業』32号, 1925.12）として位置づけていた。

日比谷図書館ではいつごろ開始されたのか明らかではないが、開館当初の同館「処務細則」（『一覧　自明治41年至明治42年』1909）の出納係の業務に「閲覧ノ案内ニ関スル事項」がみえる。また、これも時期は不明だが、日比谷ではかなり早くから一般図書とは別に、「事彙字書等ノ主要ナルモノハ普通閲覧室及階上図書出納室内ノ書架ニ排列」してあり（『一覧　自明治42年至明治43年』1910）、レファレンスサービスの態勢が整いつつあることが認められる。

1915年、日比谷では利用者の問い合わせに対して「図書問答用箋」を置き、資料の相談への回答をすることになった（『一覧　自大正4年至大正5年』1916）。1921年4月、調査係が

5章　公共図書館の出現……167

新設され，翌1922年度には，書面による問い合わせが430余件あった（小谷誠一「『迷路』より」『其事業』15号，1923.8）。質問は「実用的実務的の希望を有つたものであつて，特に商工業者が多数を占めて」いた（小谷誠一「日比谷図書館に於ける参考業務」『図書館雑誌』55号，1924.3）。

また，日比谷のほかにも深川図書館の開館時（1909年）の処務細則には「閲覧案内ニ関スル事項」があり，1925年当時の浅草図書館の事務分掌にも出納係の「出納ニ関スル事項」に「閲覧参考事務」が定められ，日比谷のみならず各館でもレファレンスサービスの対応がなされていたことがわかる（「東京市立浅草図書館の栞」『其事業』27号，1925.2）。

震災以降

1923（大正12）年9月1日，首都東京は関東大震災による未曾有の被害に襲われた。日比谷図書館は建物の損傷が激しく，臨時休館を余儀なくされた。それでも同館は9月4日には，罹災住民に対する救護活動を開始し，震災資料の収集を行い，急遽，屋外新聞縦覧所を開設した（『其事業』18号，1924.3）。新聞情報などをもとに罹災者，また一時公衆に必要と認めた事柄などを，件名索引カードによって作成し，震災に関する案内や質問に対応した（同上19号，1924.6）。そして，翌年10月同館は「大正大震火災に関する図書目録」（同上23号，1924.10）を作成した。

『其事業』に掲載された図書目録には，地域住民に対する広報のみならず，レファレンスサービスを支えるための書誌活動の一環という側面があった。今沢はレファレンス業務についてふれるなかで，「知識を求むる者及び研究調査を為さ

んとする者に助力を与へ，時事問題又は一般的に興味ある各種の問題に関する参考図書目録を編纂」(「参考図書の使用法及び図書館に於ける参考事務」『図書館雑誌』55号，1924.3)することも重要な業務の一つだとしている。これらの活動は，本格的な書誌作成への道を開いた。『一覧　大正15年』(1926)には，「各種の図書目録」が掲載され，質の高いサービスが展開されていたことを物語っている。

　震災で被災した図書館は，数年後には復興し，東京市立深川(1928年)，京橋(1929年)，駿河台(1930年)の各館は，相次いで日比谷をしのぐ大図書館に生まれ変わった。京橋図書館は開館に先立って，「京橋実業図書館設立趣意書」を地域の有志に配り，「書物が金儲けの道具として相当役に立つ」ので「この道具としての文献を如何に利用すべきかと云ふことを知ることが実業家として成功するに最も有力な資格」となる，と利用を呼びかけた。開館と同時に実業図書室を開き，200以上の新聞，商報類と名簿，広告資料など3千冊の参考図書を置き，「職業人」への本格的なサービスを始めた。

(5) 東京市立図書館網の解体

　中国大陸への侵出を控えて，1930年には軍備の拡張のため大幅な財政支出の削減が図られた。東京市も同様に財政削減が見込まれ，図書館への影響は避けられなかった。今沢慈海による苦心の予算要求も1931年度はいっさい受け入れられず，3月これを不服として今沢は日比谷を去った(佐藤政孝『東京の近代図書館史』新風舎，1998)。4月には，東京市立図書館処務規程が改正され，教育局社会教育課に図書館掛が新設され，図書館事務が統括されることとなった。日比谷のほか

駿河台，京橋，深川の復興3大図書館に館長が置かれることとなり，日比谷を中心とする東京市立図書館の図書館網は解体した。『其事業』は，竹内が大橋図書館へ去った直後の46号（1928.7）には東京を冠し『東京市立図書館と其事業』となり，61号（1931.2.4）からは日比谷図書館から教育局へと発行者が変更された。これを機に，教化機関としての図書館運営が前面に押し出されるようになった。

1938年4月現在で，市内28館のうち有料化された館は13館に増えた。そして，書架を公開していた館は，蔵書の保全や整備を優先することが閲覧者の利用度を高めるとの理由から，相次いで非公開化（閉架）に逆戻りし，その代わりに閲覧目録を整備する方向へと転換していった。市立全体のサービスは後退し，利用者は再び書架から遠ざけられることになった。

1928年3月，竹内善作は，今沢が退く3年前に東京市立図書館から震災後復興した大橋図書館へ転出した。新天地に活躍の場を求めた竹内は，東京市立図書館で実現させた図書館サービスのほとんどをここで再現した。児童室では1935年5月『まあるい・てえぶる』（後に『マルイ・テエブル』）という名の小形の館報を発行して子どもたちを喜ばせた。1937年9月には，館報『トピック』を創刊，これに「エコー」欄を設け，利用者からの投書を載せた。「註文覚書」欄では利用者からのリクエストを受け付け，ほぼ毎号社会の動きを反映したテーマ別の目録を掲載した。図書館業務の能率的な運用を図るため，この年の8月には作業審査会規程を制定した。国が戦時体制への道を歩みはじめたころ，大都会のなかでひとり大橋図書館は，知の世界を築いていた。

5.3 青年たちの図書館づくり

(1) 青年会図書館

東京市立図書館が，市内全域にサービス網を広げるころ，農村の青年たちは図書館づくりをめざして運動を展開していた。青年会は，近世の「むら」の若衆，若連中に由来する。「むら」の自警，消火活動，祭礼などは青年集団によって行われていたからである。

広がる青年の読書運動

明治20年代になると，青年が自学自習のために義務教育終了後の若者たちを組織化して夜学会を開いた。その折，青年たちは新聞，雑誌，書籍などを持ち寄り回覧した。教養を高め，農・蚕業の改善，村の近代化などのために自主的な読書組織を形成するものもあり，なかにはこうした学習運動から文庫などを組織するものも現れた。

ところが，日露戦争後の1905年に，内務省地方局による通牒（「地方青年団体向上発達ニ関スル件」）が出されると，これを契機に内務・文部両省の指導が一段と強化され，国家主義的な教育観によって青年団は官製化された。それによって青年団は町村行政の末端の機能を担うことが期待され，修養団体としての側面が重視された。青年団の団長は，多くの場合小学校の校長に託され，団の運営は教員や地域の有力者，篤志者に任された。教育勅語の発布記念や戊申詔書の渙発を機会に文庫などが設けられ，集会室や小学校の一室に置かれた。そこは精神主義が銘打たれ，風紀の改善も謳われるが，半面で自由な読書の機会にも恵まれていた。

長野県は，青年会図書館が多く設置されていた。そればかりか同県は，大正期において図書館の設置数が全国でも1，2位を争った。1920年には180館を数え，山口県の設置数を上回った。1922年の文部省『全国図書館に関する調査　大正11年10月』によると，1921年現在，公立が2割にも満たないのに比べ私立の割合が8割以上に上った（表6）。また，私立図書館106館のうち，図書館名に青年会や青年の名称を冠する館は3割を占めた。

　前年の調査の180館から大きく減じたのは，廃館もしくは報告もれか，または小規模館が報告しなかったことによるのであろう。その10数年後1934年4月現在，県の調査では私立図書館だけでも257館に達した（『社会教育概要（昭和10年3月）』長野県, 1935）。一方，県立長野図書館長乙部泉三郎は，このなかに青年会図書館の割合が依然として多く，運営もほとんどが青年によって行われ，「自分達の図書館を自由に造つて居る」（「長野県の図書館に就て」『図書館雑誌』28年8号, 1934.8）状態だとみていた。この乙部の記事には，長野県の

表6　長野県図書館年代別設置数

	1907年以前 （明治40）	1908－1912年 （明治41-45）	1912－1916年 （大正元－5）	1917年以降 （大正6－）	合計 （割合）
公立	1	5	8	4	18（14.5％）
私立	21	30	42	13	106（85.5％）
計	22	35	50	17	124（100％）

出典　文部省『全国図書館に関する調査　大正十一年』日本図書館協会1978（1992年刊の複製版）　設置数は1921年3月現在。設置数は一覧表に掲載されている実数による。

図書館は県立1,市立2,町村立92,私立426,合計521との報告がなされていた。私立図書館,とりわけ青年会図書館（文庫）は,図書館といえるものから,青年が集まって本を持ち寄りそれを回覧するようなものまでさまざまであり,乙部といえども県下の実態を掌握することは容易ではなかった。ここで,青年たちの図書館づくりの例を引いておこう。

自主運営のルーツ

長野県小県郡神科村(ちいさがたぐんかみしな)の金剛寺図書館は,1899年12月,青年会の前身である祭典係によって設立,運営された。祭典係は,規約をもち秩序ある運営がなされていたようで,図書館経営のほかに夜学会経営,神社祭典に関するいっさいの実務,区所有の山林,畑,公園の管理など公益的な事業を任されていた。図書館の運営は,養蚕がさかんな地域であることから,青年たちが農作業により得た収入を充てた。図書館の維持のためには,区（自治区）から支給された慰労金を基本金に組み入れ,後年は会員が出資し,それを積立てた。1923年には3千冊の蔵書をもっていた（『金剛寺区誌』金剛寺区誌刊行会,2003）。青年会活動が最もさかんであった1919年には,小県郡だけで図書館数は32にもなった。

下伊那郡竜丘村(たつおか)では,桐林(きりばやし)青年会などが桐林共和会を結成し,1902年には文庫掛を置いた。青年たちは自主的に会を運営し,少額の経費ながら,文庫を整理,図書を購入した。青年にとって新たなコミュニケーションの方法が定着し,読書がそれらの活動の一環として位置づけられた。

1915（大正4）年3月,同郡神稲村壬生澤(くましろ みぶさわ)青年会でも青年文庫が設立された。壬生澤は神稲村の一部落であり,青年会

は部落（支会）単位でそれぞれに文庫あるいは巡回文庫をもっていた。この青年文庫は大正天皇の即位記念として設けられ，文庫規約をもち，そこには「蔵書ハ会員ノ労力ヲ以テ蓄積」(第2条)することと明記され，具体的に「青年労力ノ報酬金タル山番及除雪報酬ノ一部」(第3条)を蔵書の購入費用に充てると記された。それらの図書館・文庫では自由に本を買って読んでいたといわれている。

　日露戦争以後，青年会経営は内務・文部両省の指導によって規制され，村の管理システムに組み込まれたことはたしかであるが，このように青年会図書館（文庫）が青年たちの自主採算，もしくはそれに近い形で運営された例も少なくない。

(2) 青年団の自主化と図書館運営

　1915（大正4）年9月，青年団に対し内務・文部両省第1回の訓令が出された。青年団員の最高年齢を20歳とし，市町村を区域として組織し，指導者には小学校長，市町村長などを指定した。1918年5月の第2回訓令に続く1920年1月，内務・文部両省による青年団に関する第3次訓令は，「自主自奮ノ風ヲ奨メテ自治的経営」の原則を打ち出した。これは団員の年齢を25歳以下に制限し，自主自治による運営を指示するもので，ここに青年団の自主化が実現した。

下伊那における郡立図書館構想

　長野県の青年団数は，1918年9月調べで1,475団体と全国で最も多く(『全国青年団の実際　大正10年4月』文部省普通学務局，1921)，なかでも下伊那地方は他の地域よりも早くに自主化を実現した。下伊那郡は養蚕業がさかんなことから，中農層

が収入を得るとそれが文化活動に反映され，普選運動や社会主義の影響から民主的な運動が広がった。

　1921年に自主化された下伊那郡青年会は，3月には会則を定め，この年のおもな事業に郡立図書館の設立を掲げた。当時，副業のない下伊那郡の青年たちは，冬季には新刊書や雑誌を耽読し，町村の巡回文庫が来ると流行の図書をあさって読んだ。そこで郡青年会は，郡立図書館を設立するために各町村に趣意書を配布し，寄付金を募った。図書館は飯田に設置し，分館を置き巡回文庫を実施することが構想された。「（下伊）那郡図書館設立ニツキテノ具体案」によれば，この図書館は日比谷図書館館頭の今沢慈海の設計により，普通閲覧室（120名），婦人閲覧室（20名），新聞雑誌閲覧室（50名），児童閲覧室（50名）を備え，200名以上の閲覧席を予定していた。前節に示した東京市立図書館と比較しても，規模の大きさがわかる。また，職員に館長，書記，給仕，小使の計4名を配し，基礎図書購入費として1,600冊分5千円を充てる計画だった。書庫は開架式で，耐火設備を施すよう計画され，増築予定地が確保されていた。だが，翌年には計画は立ち消えとなった。理由は明らかでないが，壮大な計画であった。

上郷青年会

　1922（大正11）年に自主化を実現した上郷(かみさと)青年会は，会則を改め，この年の4月に上郷文庫の設置を決めた。青年団の自主化とは，上郷青年会によれば，第1に会員の構成が青年のみによること，第2に青年会が自由に会の経営いっさいを行うこと，第3に青年会に対する官僚的支配の廃止と活動の自主独立，第4に青年教育機関経営への参与，第5に各種

教化的事業の自主的活動,などである。先に壬生澤の例を示したが,青年団自主化以降は,さらに図書館運営に独自性が発揮されることになる。同年11月,上郷青年会は文庫規則を整え,翌1923年10月上郷小学校に文庫を開設した。上郷図書館はその後産業会館へ場所を移すが,1928年御大典記念図書館を建設する運動が起こり,青年会員が山林の労作業によって得た収入をもとに,1936年7月に独立の青年会館・図書館を建設した。このころになると青年会の活動も規制され,集会のための「場」の確保が困難になっていた。そこで上郷青年会も,自由に本を読んだり,議論ができ,集まりをもてる場所を求めた(是枝英子『知恵の樹を育てる:信州上郷図書館物語』大月書店,1983)。

千代青年会

他方,千代青年会に自主化の動きが顕著になったのは1918年からであった。千代青年会は1911年11月,夜学会,学術研究会など,村内に11ある各部落の青年会を統一して設立され,会則には,「教育勅語と戊申詔書の御趣旨を奉戴」して「忠孝の大義を重んじ,風紀の改善を期すなどを規範と」すると定められた。1913年には有志によって経営されていた千代文庫が青年会に引き継がれ,会員から1人10銭を徴収し,それを書籍購入費に充て運営された。巡回文庫は各支会を巡回し,1か月留め置くとされた。

1918年,同会は役員を青年会員から選挙するため規約を改正した。1919年には支会の普通会員をもって本会を構成するよう役員を選出すると規則を修正した。そして,会員の年齢を25歳までとすることなどを決め,1920年には青年会

員から会長を選出し，自主化青年会として活動を一新した。

(3) 青年会図書館の「村立化」をめぐって

1921（大正10）年4月の千代青年会春季総会で，文庫拡張の件が協議された。千代文庫を村立図書館とすることについて「議論百出し，委員を挙げて問題を附託」することとなった。

「村立化」のねらい

青年会のなかには，青年会所有の読書施設を村の教育機関へと移管することに対し根強い反発があった。だが，1924年4月，千代文庫は村に移管された。独立館で4,000冊を所蔵し，青年会の同館運営への参画は評議員として保障され，選書は「役員会の詮衡ヲ経テ購入スルモノトス」（「千代村図書館館則」第7条）とされた。役員は館長（1名）と評議員（15名）で構成され（同第6条），「千代図書館細則」によると評議員の内訳は村吏員および名誉職5名，青年会役員5名，処女会役員4名，小学校職員1名であった（『千代村立図書館　大正13年〜昭和19年』（千代支所文書）飯田市史編さん室所蔵）。

ところが，この間村当局は青年会に断りなく突如，館則中の青年会評議員を減員する細則の改正を行った。1926年5月，青年会はこれに対し，青年会の選書権が村当局によって制限されるとして，館則の青年会評議員に関する条項について「正式書面を以て従前通りの細則改正の申請書を提出する事」などを図書館長（村長）あてに提出した。その後も粘り強く交渉し，村当局から青年会の主張を考慮するという回答を引き出した。

千代青年会では，文庫が村に移管された後も，独自に各支会ごとに文庫を巡回させ青年会員に利用させていた。当時，青年会員には社会主義の影響が顕著であったが，社会科学書よりもむしろ人生論や文学書が好まれた。

鼎村青年会，「村立化」への抵抗

　青年会図書館の村全体に果たす役割が一層重視され，青年会の文庫が青年会員のみならず，村民も自由に利用できるようになると，当然そこに村からの援助があってしかるべき，との議論が起こる。鼎(かなえ)村青年会では，1923年1月の総会で，鼎文庫に対する村費支弁の件が協議され，「将来の村公民を教育せんとする唯一の機関なれば，当然村に於て経費を支弁」すべきものであり，そのために実行委員11名を決めて実現を期すると議決がなされた。また，同青年会では1925年1月の総会で「村立図書館の件」も協議されたが，青年会の教育機関として独自の役割が失われるとの理由で否決された。当時，青年たちは，隣接する村の図書館へ頻繁に見学に出向き，地域の図書館活動などについて情報交換を行っていた。今でいうネットワークが形成されていた。そのことからも，青年たちは，他地域の青年会図書館の村立化による図書館運営への影響などについての情報を的確に把握していて，ここではそれらが村立化移行への抵抗力になったと推察される。

　鼎青年会は，村立化せずに青年会図書館の運営を続けた。1926年2月には代議員会が行われ，そこでは「図書購入に関する件」が協議され，選書のあり方が青年会として検討に値するとされた。選書権が青年たちにとって，図書館運営を左右する問題として重視されていたことがわかる。

自らつくり，育てる図書館

大正期，青年団の自主化によって，図書館は自主運営の色彩がいよいよ強くなった。図書館の村立化や青年たちの選書に対する関心は，図書館運営の主導性を保持していくことと一体のものしてとらえられた。青年会の図書館が村に移管されることについては，これを発展的にとらえる考え方がある一方，青年会の方針が村当局の思惑と相容れない場合には，青年会の自主運営権が制限されるという見方があった。図書館の村立化をめぐって，青年たちは自主的か否か，運営の選択を迫られることになった。1928年，上郷青年会図書館にも村立化5年計画が立ち上がるが，結果的に見送られた。これは千代青年会などが，村立化によって運営上の後退を余儀なくされたことから，本来の運営を危惧する声があがったのではないかと考えられる。

青年たちは，自ら図書館を経営することによって，経営権とともに利用者としての立場（権利）を強く意識することになった。そのため経営権を移譲するときに，利用者としての立場（権利）はどうなるのかが争点になった。

青年会によってつくられた図書館は，もともとは部落単位の小さな読書施設であった。それらは地域と不可分の関係にあり，村の青年たちの場の共有意識とともに育まれた。青年会の図書館は，大正期の青年団自主化以降その発展の過程で，村立化の問題に直面した。そこで問題になったのが選書権の維持についてであった。村立化による「公」への経営権の委譲は認めるとしても，蔵書内容を支配されることに対する抵抗感は強かった。青年会に選書権が確保されるか否かが「村立化」の分岐点となった。これは公立化の否定ではなく，図

書館をどのようにつくっていくのかという課題について，青年たちが一石を投じたこと，と解することができよう。

参考文献
　山本武利『新聞と民衆』紀伊國屋書店，1973
　広庭基介「新聞縦覧所小論（1）（2）」『図書館界』25巻3，4号，1973.10.12
　亀井秀雄「貸本屋さんの文学史」『北の文庫』41号，2005.5
　『帝国教育会五十年史』帝国教育会，1933
　坪谷善四郎『大橋佐平翁伝』博文館，1932
　坪谷善四郎『博文館五十年史』博文館，1937
　坪谷善四郎『大橋図書館四十年史』博文館，1942
　永嶺重敏『雑誌と読者の近代』日本エディタースクール出版部，1997
　永嶺重敏『〈読書国民〉の誕生　明治30年代の活字メディアと読書文化』日本エディタースクール出版部，2004
　『五十年紀要』東京都立日比谷図書館，1959
　『東京都公立図書館略史　1872-1968』東京都立日比谷図書館，1969
　『東京都立中央図書館20周年記念誌』東京都立中央図書館，1994
　「京橋実業図書館設立趣意書」（昭和4年4月1日）『京橋図書館資料』（中央区立京橋図書館，1979）所収
　奥泉和久「『市立図書館と其事業』の成立と展開」『図書館界』52巻3号，2000.9
　寺出浩司「大正期における職員層の生活の展開」日本生活学会編著『生活学』（第7冊）ドメス出版，1982
　中川清『日本都市の生活変動』勁草書房，2000
　中村牧子「新中間層の誕生」原純輔編『日本の階層システム』1（近代化と社会階層）東京大学出版会，2000
　『東京百年史』第4巻（大正期）東京都，1972
　『大東京概観』東京市役所，1932

『東京都教育史』(通史編 2) 東京都立教育研究所, 1995

清水正三『図書館を生きる：若い図書館員のために』日本図書館協会, 1995

石井敦監修『新聞集成　図書館』3 (大正・昭和戦前期編) 大空社, 1922

小河内芳子「資料東京の図書館　明治 20 年 (1887) − 昭和 20 年 (1945)」『Library and Information Science』9 号, 1971.9

北原圀彦「明治・大正期におけるレファレンス・ワークの発展」『Library and Information Science』8 号, 1970.9

金津有紀子「戦前におけるレファレンス・ワークの導入」『Library and Information Science』44 号, 2002.8

八里正「大正時代の参考事務：東京市立日比谷図書館」『図書館と本の周辺』4 号, 1977.7

『長野県史』(通史編　第 8 巻　近代 2) 長野県史刊行会, 1989

『上郷青年会史』上郷青年会, 1933

『千代青年会史』千代青年会, 1934

『鼎町誌』鼎町誌編纂委員会, 1986

長野県下伊那郡青年団史編纂委員会編『下伊那青年運動史』国土社, 1960

大串隆吉『青年団と国際交流の歴史』有信堂, 1999

小川徹「飯田における調査の中間報告」『図書館界』51 巻 3 号, 1999.9

奥泉和久「青年会と読書運動：明治 20 年代を中心にして」『図書館学会年報』35 巻 4 号, 1989.12

奥泉和久「日清戦争後の地方青年会と図書館運動」『図書館学会年報』36 巻 4 号, 1990.12

奥泉和久「図書館運動の系譜：長野県下伊那郡青年会の図書館運動をめぐって」『図書館文化史研究』18 号, 2001.9

6章 改正図書館令:「附帯施設」をめぐって

6.1 図書館令の改正

　1899（明治32）年に公布された図書館令は，早くも1906年の第1回全国図書館（員）大会で改正が議題になったが，話題になった程度であった。その後1922（大正11）年ころから，府県立図書館長が中心になって県立図書館の義務設置を文部省に求めるとともに，それとからめて法改正が論じられるようになってきた。図書館界からは，図書館職員の待遇改善，国庫補助を求めるなどさまざまな声が出た。

　文部省はこれらに呼応するかのように，図書館界の意向を聞くなどの段取りをしたうえで，1933（昭和8）年7月1日付で図書館令を改正・公布した。その内容は，図書館界の意向に基づいて改正したといってはいるのだが，実際には図書館界が強く要望していた義務設置は不問にふされ，国庫補助も盛り込まれず，職員の待遇改善もほとんどないに等しいもので，かえって文部省がねらいとしていた，社会教育の場としての図書館への一層の傾斜，設置・廃止の認可を私立図書館にも及ぼすこと，中央図書館制の導入による図書館への管理強化が明らかとなった。

　当時，青年会（団）が設立や運営にかかわっていた図書館，つまり私立図書館は少なくなかった。それは前近代における

若者組の伝統を引く青年会（団）のもとにあって，村の青年たちが一人前になるための訓練機関である青年会（団）の一端を構成するものであり，ここでは読書，議論，交流を通じて知的に訓練されていくことが求められた。小学校の教室の一つに書架を置いて，館長は校長（あるいは村長），館員は教員，実質的な仕事をするのは青年たちというものが少なくなかった。大正期から昭和はじめにかけて，次第に窮乏化していく農村の状況からの脱却を求めて青年層は模索を重ねており，かれらにとって図書館は読書・議論を通して目覚めていく場であった。農民労働運動に接近・参加する青年たちが生まれ，図書館の蔵書にロシア革命の影響もあって，社会思想・社会主義関係の本がみられるようになった。

政府は治安維持法を盾に共産党，無産政党，社会主義的立場のさまざまなグループの弾圧に乗り出すのであるが，一部青年会の図書館についても蔵書が左傾しているとの非難が新聞などを通じて報じられるなか，統制が強められていった。

図書館令改正はそういうなかで行われ，私立図書館を含めて設置認可制とし，中央図書館制のもと管轄下の図書館への統制を強めることとしたのは，そうした当時の思想統制強化の方向と相応ずるものであった。

6.2 「附帯施設論争」

改正図書館令のもう一つの大きなテーマは，その第1条第2項の意図をめぐる問題であった。

改正図書館令の第1条は，
　図書館ハ図書記録ノ類ヲ蒐集保存シテ公衆ノ閲覧ニ供シ

其ノ教養及学術研究ニ資スルヲ以テ目的トス
　　　図書館ハ社会教育ニ関シ附帯施設ヲ為スコトヲ得
というものである。

(1) 中田邦造の批判

　当時石川県立図書館長であった中田邦造(なかたくにぞう)は,『図書館雑誌』(28巻1号, 1934.1) に「図書館員の拠つて立つところ」を投じて, その第2項に疑問を投げかけた。中田は, 第1項は社会教育そのものと考えられるが, 文部省はそうではなく別の仕事とみているようだ。そして, そのかたわらで行う附帯事業を, 社会教育的な働きとして認めていると理解できる。それならば, 普段図書館は社会教育にとって重要機関といわれているのに, 結局「行ひ得る」程度の意味しかないのか, と疑問を呈し,「図書館の本務と社会教育とは如何に結びつけて」考えられるのか,「附帯事業とは何事」なのか, それは「図書館令の第一条に書かれねばならぬ程の大問題ででも」あるのか, と厳しく批判した。

　日ごろ中田は, 図書館が貧弱で日常的な仕事も満足にできない状況のなかにありながら, 文部省が図書館は社会教育にとって大切な機関だというのに呼応して, 社会教育事業と解される事柄に手を出している図書館があることを苦々しく思っていた。そのことにより, 文部省の考えを揶揄するような言い方で, 批判の矢を飛ばしたとみられる。

(2) 松尾友雄の反論

　これに対して文部省の係官, 松尾友雄が反論の文「図書館令第一条第二項」を『図書館雑誌』翌月号に載せた。松尾は,

自分が述べるのは個人の見解で文部省の代弁をしているのではないというが、そうではあるまい、といわれており、それは当然であろう。

松尾は、従来図書館は図書の閲覧を通して広く民衆の向上を図るとともに、学徒の学術研究にも資するところにその機能があったが、時代が推移し、今日「土地の要求あるときは図書館をして全面的社会教育の実施機関として立たしむるに至つた」という。これまでは、社会教育のための諸施設――図書館、博物館、実業補習学校、青年訓練所、日曜学校、幼稚園（託児所）、成人教育施設、体育施設、民衆娯楽施設など――を都市と町村を区別することなく画一的に設置する方向で普及を図ってきたが、実際のところ財政上、町村はこれらをもつことはできない。むしろ町村のような人口の少ないところでは、社会教育館とでもいうような、図書館事業も博物館事業も成人教育も体育、民衆娯楽、産業教育もできるようなさまざまな機能をもった「営造物」をつくるのが望ましい。しかし、ただちにそういう「営造物」ができるわけではないので、図書館がその機能を広範囲に受け持つのが望ましく、そうなれば、町村図書館はいずれ町村社会教育館に変化していく運命をもち、現在はその途上にあり、改正図書館令はその方向に図書館を誘導していくものであるとする。大都市や道府県立図書館はそうではなく、その附帯施設は小範囲のものでよいとし、町村図書館との間に明確に線を引いていることは注意される。

(3) 中田邦造の再論

町村図書館が社会教育館になる運命にあるという松尾の考

えは,図書館員の予想をはるかに越えた構想であった。中田はただちに筆をとって,「図書館は図書館として発達せしめよ」(『図書館雑誌』28巻4号,1934.4)と主張した。中田は市町村に社会教育館が生まれることは望ましいし,場合によっては,図書館が社会教育館の一部にとり入れられ,あるいはその附属設備のようになってもかまわない。しかし「その場合是非必要なことは,図書を通じて人心の底にふれるような図書館的働が行はれ且つ発展して行くといふことである」と力説する。

(4) 松尾友雄の再論

『図書館雑誌』編集者は中田のものを掲載するにあたって,原稿を松尾にみせて,反論を書かせ,同号に掲載した。そこで松尾は中田の主張を退けるのであるが,中田が図書館の図書を通して行う仕事が大切なものであり,それを十分に行うだけの余裕さえ現実の貧しい図書館にはないといっているのに対して,図書館の仕事が拡張すれば,当然館員は増えなければならないが,「従来小学校教員より兼務する司書が二人であつたとすれば,それを四人にすればよいのであつて,それは大して困難なことではないと思ふ。図書館が附帯事業を始めたるが故に図書館の本務に渋滞を来し,図書館の発展を阻害したと云ふことは未だ曽つて聞いたことが無い」という応酬であるから,両者の主張がかみ合うはずがない。

農村の図書館の貧弱な状況を知っている中田にとって,何をいうかという気持ちであったろう。松尾の反論は,図書館のなんたるかについての理解のない官僚の議論であることはいうまでもない。

6.3 「附帯施設」をめぐる図書館界の動揺

それではこの改正,とりわけ第2項は各地の図書館ではどのように受け止められたであろうか。実は,文部省は図書館令の改正準備段階で,附帯施設について図書館界に問題を投げかけている。それに対して,図書館側ではとまどって,どういうことをすればよいのかという質問を返している。その一端を『図書館雑誌』からみてみよう。

1927(昭和2)年の全国図書館大会の際の協議研究題として,「図書館における適当な社会教育施設如何」という問いかけが出されているが,意見交換はされなかったようである。その後1929年の同大会の協議題に「図書館ノ附帯事業承ハリタシ」とあるが,若干のやりとりがあるだけであった。その翌年の大会には「附帯事業部会」ができたが,出席者数名,はなはだ振るわず,とある。しかしこの年,文部大臣への建議書「現今ノ趨勢ニ鑑ミ社会教育上図書館ニ郷土ノ博物館的施設ヲ奨励セラレンコトヲ望ム」が出されている。

1931年には,大会に先立って開かれた帝国図書館主催の全国道府県立図書館長会議において,文部大臣からの諮問事項の議論に関連して「府県管内ニ対シテ図書館ヨリスル社会教育ノ実施状況承ハリタシ」とか「道府県立図書館ノ附帯事業ノ実況承ハリタシ」と,附帯事業への不安の声が寄せられている。文部大臣の諮問に対する答申のなかに「中央図書館ニ於テハ左記ノ施設運用ヲナス」としていくつかの項目が挙げられ,そこに「講演展覧其他社会教育上必要ナル附帯施設ヲ行フ」が入れられている。着々と文部省は,附帯事業についての考えを図書館界に浸透させていった。

そして，その年の第25回全国図書館大会に文部大臣は「図書館ノ附帯事業トシテ適当ナル社会教育施設如何」との諮問を行っている。これにはさまざまな議論があった。協議題のなかには「図書館ヲ中心トスル最モ適当ナル社会教育施設乃至附帯事業如何（上田市立図書館提出）」があった。

この年の文部省の諮問に対する大会の答申では，附帯施設として，読書会，座談会，講演会，講習会，映画会，研究会，展覧会などの開催，掲示報道に関する施設，郷土資料の収集，調査，研究および発表，郷土博物館的施設，地方芸術の保存および奨励，趣味娯楽に関する施設，地方産業の紹介，独学秀才の推奨，社会教育的施設の案内，を列挙している。

1932（昭和7）年の第26回全国図書館大会の協議題のなかにも，「図書館雑誌ノ増頁ヲ断行シ適切ナル附帯事業ヲ掲載スルト同時ニ一般初心者ニモ理解シ得ラルル通俗図書館経営法ヲ登載シテ会員ノ増加ヲ図ラレ度キ件」，「図書館ノ社会教育ニ関スル適切ナル施設速進方案如何」という声が載せられている。

地方の図書館の集いにもそういう声がみられる。1931（昭和6）年11月24，25日に行われた第17回九州支部総会の協議題に「九州支部内図書館ニ於ケル社会教育的附帯施設ノ種類及ビ方法ニ就キソノ実施情況ヲ承ハリタシ」とある。1932年10月11，12日の第5回東北北海道図書館連盟大会協議会の協議題のなかに「時局ニ鑑ミ図書館又ハ図書館協会ヲ中心トシテ実施セル社会教育施設ヲ承ハリタシ」，1933年3月1，2日の第3回四国図書館連合会・第6回愛媛県図書館協会合同大会の協議題中にも「図書館ヲ中心トセル社会教育施設ノ実際ヲ承ハリタシ」とみえる。中田邦造の附帯施設

についての疑念は，こうした図書館界に広くみられた声，動きを背景にしたものであることがみてとれるであろう。

6.4 「附帯施設」の実例

それでは実際にどのようなことが行われたのか，事例の一端として山形県下についてみてみよう。東村山郡楯山村立図書館では附帯施設として，青年団産業部創設，読書会（主として図書館の本を研究発表），満州事変記念新聞雑誌絵葉書展覧会，産業座談会，図書館週間運動をあげている（『図書館の黎明』山形県立図書館，1934）。

北村山郡小田島村図書館では附帯施設として，講演会（年に1回），産業ニュースの配付（各新聞の産業欄及産業図書の中より極めて本村産業発達上の参考となるべき記事を採録，毎月1回謄写し村内各戸に配付），本館図書目録および県の巡回文庫図書目録を刊行（村民に配付），をあげている（『現代図書館の職分』山形県立図書館，1935）。

いずれも，図書館界での論議の枠を越えるものではなかった。あるいはこれを越えて何事かを行うことは，貧弱な図書館にとって実際上無理であった。

6.5 長野県浦里村の浦里図書館の場合

(1) 浦里村の危機とその打開への道をめぐって

長野県 小 県 郡浦里村は上田市郊外にあり，1936（昭和
　　　ちいさがたぐんうらさとむら
11）年当時戸数800余戸，人口4千余名であった。江戸時代は上田から松本へ行く街道沿いの村で，宿場町の雰囲気をも

っていた。明治時代になって養蚕が入ってきて、ほとんどの農家はこれに依存するようになった。大正期から昭和初期にかけてのころ、浦里村の自作・自小作と小作の割合は、全国平均に比べて自作・自小作がやや高かった。耕地面積のうち水田は32％ほど、畑はほとんどが桑園で、農家の養蚕収入は収入の8割を超えていた。

『浦里村報』15号（1923.5.15）には「文化文政時代と吾が浦里村」と題して、村治は円熟し、小作争議、労資問題、何らの争議もないと「浦里の黄金時代」を語りつつ、同時にその「裏には恐るべき悲劇が待ってはしないか」と不安も投げかけている。村報には俳壇の欄があり、また文芸誌『星の囁き』の刊行を報じるなど、当時の村の姿を伝えている。

しかし1924年、26年に干ばつが発生、やっとその危機を乗り越えたところ、1927年の霜害で桑園が全滅し、村の製糸場の廃業など深刻な状況となり、さらに1930年の農業恐慌で、一般の農産物価格の下落に加えて蚕糸価が暴落し、農家は大打撃を受けた。村にあった越戸銀行が破綻、浦里倉庫も続いた。小県郡下では電灯争議、電灯休止、小学校教員給不払運動、学校同盟休校、租税滞納など深刻な状況が広がった。

全国的な農村の危機的状況のなか、農民組合は全国レベルで活発な活動を行っていたが、長野県下でも上田小県地域に上小農民組合連合会が組織され、1928年結成された浦里農民組合もこれに加盟して活発に活動していた。

1929年浦里村長に、青年団長を務めたことがあり、県会議員でもあった宮下周が就任した。宮下は農民運動、無産政党運動に対抗して村独自の経済更生運動を立ち上げ、どん底に陥った経済を建て直そうと図った。1931年、浦里村経済

改善委員会を設け,さらに1933年経済更生年次計画を立て実行に移していった。そのなかで,蔵書が「すべて思想物」と指摘された図書館の図書の選択について指示することもあったという(山浦国久『更生村浦里を語る』信濃毎日新聞社出版部,1938)。

1931年には不況が全国的に激化し,とくに東北地方は冷害・凶作などによって農村の状況は深刻であった。農村は「瀕死的貧困化」状況にあるといわれ(橘孝三郎『日本愛国革新本義』建設社,1932),そこからの脱出は大きな課題であった。1932年には帝国議会に対して,自治農民協議会が農村救済請願を提出するなど,事態の打開を求める声は高まる一方であった。

国はこれに対して農村自力更生運動を提起した。1932年,内務省は国民自力更生運動を開始,農林省は農山漁村経済更生計画に取り組みはじめた。それは国が財政支援によって農村を救うのではなく,勤労と節約という農本主義的倫理に基づく自力更生運動であるとともに,その運動を通して産業組合を立ち上げ,組織を村の隅々に行き渡らせ統制しようとするものであった。「農村部落ニ於ケル固有ノ美風タル隣保共助ノ精神ヲ活用シ其ノ経済生活ノ計画的組織的刷新ヲ企図セザルベカラズ」(農林大臣訓令,1932.10.6)にほかならない。

政府の方針にしたがって,各県は取り組みを始めた。長野県でも,長野県経済改善委員会をつくって経済更生計画を作成することとなり,宮下村長もその委員の一人となった。宮下は県の方針にしたがって浦里村経済改善委員会の組織を改めるなど,本格的に更生計画の実施に乗り出した。

そのさなか,1933年2月4日にいわゆる「二・四事件」が起きた。長野県教員赤化事件と呼ばれているが,上小地区

では労働農民運動弾圧事件といってよい。その前後に多くの運動家が検挙され起訴された。浦里村の検挙者は13名で，そのうち8名は拘留数か月に及ぶ取り調べのなかで，転向を誓って不起訴となり帰宅を許されたが，5名は起訴され，懲役2年半，5か年の執行猶予となり，村に帰った。同年9月に組織され，更生運動の中心的な存在となる産業組合青年連合には，「二・四事件」など農民組合に参加していた多くの青年たちが中心的な役割を果たすようになった（中山徳重『浦里村』新大衆社，1943）。

(2) 浦里図書館をめぐって

浦里村には1922（大正11）年から，青年たちが中心になって『浦里村報』（以下「村報」）が刊行されていた。村の事情がわかるとともに，論考がさかんに出されていて，社会主義思想が青年たちをとらえるようになるにしたがって，その立場の主張も載るようになり，論争もあった。青年たちが広くものごとを理解し，そのうえに立って村をどうするかを考えている姿が浮かび上がってくる貴重な村報である。そういう記事にはさまって，村の図書館の記事がさかんに出ている。それだけ青年たちの図書館にかける熱意が伝わってくる。その記事からいくつかの話題をひろってみよう（平野勝重「上田地方における公共図書館史」『長野大学紀要』4巻1，2号，1982，『ふるさとの歴史に学ぶ』浦里村報を読む会，2000参照）。

明治30～40年代に浦里村の各部落に青年会が結成され，そこに文庫あるいは図書館が設置された。1924年末にそれらの文庫，図書館は統合され，小学校の一室に蔵書が集められて浦里図書館となった。蔵書数7千冊ほどで，農閑期は火・

金曜日, 5月から9月までは毎月5日と20日が貸出日であった。青年たちは独立した建物を求め, 青年会での蓄積と篤志家からの寄付金により1927年, 独立した建物に移った。

多くの青年たちの図書館を利用していた様子が, 貸出の統計などからうかがえるのであるが, 農民運動がさかんになり, 青年たちの活動が活発になるにしたがい, 購入する図書のなかに「左翼」のものが入ってくる。「村報」によってみると, 1926 (大正15) 年の購入図書には,『労農露国』(川上俊彦),『男女関係の進化』(大杉栄),『社会思想史研究』(河合栄次郎),『世界の経済は如何に動くか』(堀江帰一) などがある。また,「村報」91号 (1930.9) には,『マルキシズム国家観』,『小作問題』,『不在地主』,『唯物史観序説』,『マルクスと労働組合』,『日本資本主義発達史』,『帝国主義の現段階』,『芸術とマルクス主義』,『労農露国と通俗政策』,『科学的社会主義の基礎』,『帝国主義戦争ト製鉄業』,『1905年の革命に就て演説』,『マルクス主義と議会選挙』などがみえる。

こうした状況をさして, 図書館の蔵書は「すべて思想物」と村内からも非難され, 1932年になるとほとんど「左翼」の図書は姿を消した。

1933年2月25日発行の「村報」(114号) は「紀元節の佳辰をトして　浦里図書館　文部省より選奨さる」と伝える。文部省は1933年2月11日をもって,「其館ノ経営宜シキヲ得逐年成績見ルベキモノアリ」として浦里図書館を「選奨」した。「選奨」を伝える「村報」の記事には「堅実なる農村独特の図書館たらしめ」ること,「その経営に就ては, 慎重なる考慮と特に村人と密接な関係を保ち, 協力一致して, 図書館を中心として全村に亘り, 一大文化運動を起こし, 更生

浦里村の建設を念願する」と結んでいる。「慎重なる考慮と特に村人と密接な関係を保ち」は，村人の間の複雑な関係を配慮しての文言であろう，それだけに注意しておきたい。

ところで，文部省から優良図書館として選奨されたのは，上記「二・四事件」直後のこと，図書館によっていた青年たちが検挙され，動揺するさなかのことであった。両者には関連があったのではないかとも思われるのであるが，農民・社会運動に参加した青年たちが拠りどころにしていた図書館に打撃を与えるものであったことはたしかである。

その翌年，選奨紀年文庫ができ，購入された図書からはかつての姿はうかがえない。文庫完成にあたっての「村報」の図書部長の一文にも，農村図書館はその土地の特色をもち，「社会教化の第一線に立」つことを求めている。122号(1934.3.1)の「図書館便り」でも「人格，知識の向上充実を計り農村更生の道へ進まれん事を希望」している。それが図書館の進むべき方向とされるものであった。しかしその少し後，「村報」156号(1937.7.15)の「新刊書籍購入」欄にある「読書の目的」は「此の複雑化したる社会に，有為な人間として立ちうる，知識と，判断力とを養成するにあると思ひます」としている。これは一方的な教化のための読書ではなく，本来の読書の意義を指摘するものであり，注意される。ただし，そのために「有為な書籍を多数」入れたというが，それにふさわしいどれほどの図書を購入しえたであろうか。

(3) 経済更生運動のなかでの図書館の位置づけ

浦里村の更生計画のなかで，図書館は村民の教化の一つの施設として位置づけられた。その計画を記す『全国優良更生

農村　経済更生計画及其ノ実行状況：長野県小県郡浦里村事例』(農林省経済厚生部，1937年12月)によれば，「第四，更生計画」の第2次計画のなかの「12　村民ノ教化ト社会施設」項中に次のように書かれている。

　「村営浦里図書館ヲ改造整備シテ村民教化ノ修道場タラシメ以テ更生精神ノ作興ヲ計ルト共ニ，茲ニ農業研究機関，授産場，公設産婆，託児所，医療施設，公設浴場，模範台所，娯楽場ヲ併設シ本村文化ノ中心トナシ農民生活ニ潤アラシムルハ極メテ適切緊要ナリト雖モ，之ガ為メニハ数千円ヲ要スベク今日直チニ実現ハ容易ナラザルヲ以テ漸次之ガ達成ニ心掛ケ現在ノ図書館ヲ中心ニ不断ニ各種施設ノ実現ヲ計ラントス」(『農山漁村経済更生運動史資料集成　第2集Ⅱ』柏書房，1988)。

ここにみられる考えは，松尾友雄が既述のように，図書館令第1条第2項の目的について語っている内容そのものである。そこに文部省のねらいがあったのではないか。政府が総力をあげて取り組んだ農村における経済更生運動に，文部省として村民の教化と社会教育事業の強化という面でかかわりをもとうとし，図書館を村人の教化の場として位置づけるとともに，農民の生活に必要な諸施設を併設させようとした。その一つの事例として取り組まれようとしていることがみてとれる。

だがその計画はどうなったのであろうか。「村報」137号(1935.7.1)によると，図書館内に託児所が開設されたと伝えている。しかしこれ以上のことを図書館に求めてはいなかったようで，観念的にはさまざまな働きを図書館に求めることができても，実際には図書館に図書館以上のことを求めても

無理だったのである。

6.6 改正図書館令がねらったもの

1933年図書館令が改正された。それは町村の農村図書館をねらいとしたものであり、どん底にあった農村の更生を勤労と倹約で乗り切ることを求めた自力更生運動が始まったときに、それに対応するように行われたということを述べた。そこには農村社会の再編成という国の政策があったのであるが、図書館界は必ずしもそのねらいを理解するに至らなかった。図書館界に一般的だった図書館についての認識と、文部省のそれとの間に断絶があったからである。

そのことについて、永末十四雄はその著書『日本公共図書館の形成』(日本図書館協会, 1984)において、附帯施設論争についての論評のなかで「附帯事業がじつは町村に重点をおいた社会教育対策であるのが明らかにされたが、府県立・市立でさえよくできぬことを町村図書館に実施させる矛盾は覆うべくもない……実情を無視したデスクプランでしかないが、図書館人にとっては図書館の存在理由を問われる問題である」と述べている。

筆者の理解からすれば、図書館界は明治期、欧米から図書館思想を受け入れ、図書館をつくり上げてきたが、それはいわば都市型の図書館をめざすものだったのではないか。モデルにした欧米の当時の図書館自体、都市に展開した図書館であり、そのサービスも都市に生活する人々を対象にするものであったといえよう。元来、近代社会の形成にともなって、図書館は都市の人々の生活をサポートするものとして、地域

社会に人々の生活の都市化に対応した資料と情報を提供する一つの社会的分業体として登場したといってよいであろう。

これに対して農村における町村図書館は，文部省からみれば「社会教育館」の活動の一端に吸収されるべき存在であり，農村型とでもいうべき図書館にほかならない。それは，第1次産業イコール生産と生活の場が本源的に未分化な，共同体的ムラ社会の構造を引きずっている農村社会にあって，未分化に存在する生産と生活を支える場であり，知識・情報共有の場でもあった。青年会の図書館，あるいはかつて存在した農事諸会などに求められた，相談しあい，学びあう場が図書館であったといってよいであろう。そういう農村における社会システムの一つとして，文部省はかつて「社会教育館」を構想していたのである。

それは，文部省にあった考えとのみ言い切れないのかもしれない。浦里村で農村託児所の設置が問題になっていた1927年，当時県庁に勤めていた宮下周は「農村託児所の設置に付て」という一文を「村報」(50号，1927.5.1)に寄せ，そのなかで，図書館建設にあたり，青年会幹部は図書館に「最も意義ある農村社会事業的設備を加へんと考慮中との事である」と述べ，託児所を図書館に開設する構想があること，それに青年会幹部が賛意を抱いていることを語っている。上記したように，後に宮下村長のもと託児所を図書館に開設するのであるが，早くより宮下は，図書館がそうした「附帯施設」をなすべきだと考えていたことがみてとれる。あるいはこれは宮下だけのものではなく，広く県庁レベルにとどまらず話題になっていたことのように思われる。

改正図書館令で文部省がねらっていた図書館の社会教育会

館化は戦争の激化でうやむやになってしまったが,戦後すぐ,いわば見切り発車で,図書館への顧慮なく,公民館がつくられた。

参考文献

石井敦『日本近代公共図書館史の研究』日本図書館協会,1972

鹿野政直「大正デモクラシーの解体:民衆思想の次元における」『思想』583号,1973.1

上条宏之「恐慌下農民運動と経済更生運動の実態:長野県浦里村の場合」『季刊現代史』2号,1973

日本図書館協会編『近代日本図書館の歩み 本篇』日本図書館協会,1993

関屋龍吉『農村社会教育』(農村更生叢書)日本評論社,1933

『図書館用語辞典』(角川書店,1982)の項目「付帯施設論争」

永末十四雄『日本公共図書館の形成』日本図書館協会,1984

中村政則「経済更生運動と農村統合:長野県小県郡浦里村の場合」『昭和恐慌』東京大学出版会,1978

『長野県史 通史 第九巻 近代三』1990

『日本近代教育百年史 8』国立教育研究所,1974

舩戸修一「農山漁村経済更生運動の一試論:『自力更生』の歴史社会学的考察」『上智史学』42号,1997.11

森武麿「日本ファシズムの形成と農村経済更生運動」『歴史学研究』別冊特集,1971.10

横山宏・小林文人編著『公民館史資料集成』エイデル研究所,1986

7章 図書館と図書館人の戦前・戦中・戦後

　この国の図書館の歴史を考えるとき，第2次世界大戦の前と後とで区分するのが通例である。一方，この時代の歴史には，ある種連続・共通した部分がある。これを図書館の法制度についてみると，改正図書館令は図書館法制定まで，否それ以降もしばらくはこの国の図書館のあり方を規定した。おのずと図書館活動は，国の文化政策のもとに展開され，国，道府県の統制力から逃れることはできなかった。

　さらには，この時代に生きた図書館人もまた，戦時下の思想の洗礼を受けた。それは戦後の図書館活動にも暗い影を落としている。

　戦前を体験した図書館人がどのように戦後を迎え，そして生きたのかを考えることは，図書館サービスの主体をどこに置いたらよいのかといったことを考えるとき，自ら図書館への道を切りひらいた経験が必ずしも多いとはいえないこの国の人々にとって，単なる過去の問題ではない。

　そこで，本章では戦前，戦中，戦後を生きた図書館人を基軸として，この時代における図書館の歴史の連続性・非連続性を検証してみたい。

7.1 強まる図書館統制

(1) 帝国図書館長の交替
田中稲城の退任

1921年11月,帝国図書館館長の田中稲城(たなかいなぎ)が突然退任することになった。田中は帝国図書館創立以来,館長としてその発展に尽力し,館員の信頼も厚かった。彼は1890年3月東京図書館長に就任,1897年4月の帝国図書館創設,1906年3月の新館建設など,館長在職30余年の間,同館の発展に尽くしてきた。また1892年3月の日本文庫協会(後の日本図書館協会)創立を発起するなど,日本の図書館全体の発展に貢献した。

田中にとって積年の課題は,帝国図書館の増築であった。しかし文部省は彼の要望を無視し続けた。1921年6月の文部省図書館員教習所開設の際に,同省が帝国図書館に教室提供を求めたのに対し,田中はこれを拒み,文部省の方針に抵抗した。こうした彼の態度が,事実上の館長更迭につながったとみられる。

同時にこの人事は,乗杉嘉寿(のりすぎかじゅ)ら文部官僚による,図書館の管理強化に向けた一つの布石でもあった。乗杉は1919年6月の普通学務局第四課(のちの社会教育課)設置を担当,その初代課長となり,社会教育振興に力があった人物である。図書館員教習所の開設も,彼の実行力による部分が大といえる。だが,その強引な手法に省内では「油乗杉」と渾名されていた(宮坂広作『近代日本社会教育史の研究』法政大学出版局,1968)。

松本喜一の登場

文部省は，田中の後任として茨城県師範学校長松本喜一を充てようとした。図書館に関する専門的知識や経験のない人物を帝国図書館長に据えようとするこの人事に，図書館界は強く反発した。日本図書館協会（以下，JLA）は今沢慈海会長名で意見書をつくり，文部省に抗議した（ただし意見書は提出されなかった）（『和田万吉博士の今沢慈海氏宛書簡集（抄）』日本図書館協会，1985）。

帝国図書館内にも動揺が広がり，上層部職員の会議では全員辞表を提出することも提起された。これを伝え聞いた乗杉は，図書館員教習所の生徒全員を送り込んで図書館の運営にあたらせようとしたが，教習所の講師一同から拒絶され，松浦鎮次郎専門学務局長のとりなしで事態を収拾したといわれる（青山大作『図書館随想』青山イト，1987）。

1923年1月，松本は正式に帝国図書館長に任命された。彼の館長就任によって，館内の空気は一変した。田中時代の家族的雰囲気は消え，絶えず緊張の雰囲気に包まれるようになった。「策謀家」の松本は巧みに職員を掌握し，やがて図書館界全体を操るようになっていった（青山，前掲書）。

1928年4月，松本はJLA理事長となった。以後10年間にわたって（～1930年6月，1931年5月～1939年8月），彼は理事長を務め，「和製ムッソリー」（住谷雄幸「国立図書館の歩み：図書館の自由は守られてきたか」『現代の図書館』7巻1号，1969.3）として館界に君臨する。その在任期間は，日本が満洲事変（1931年），盧溝橋事件（1937年）を引き起こし，中国など近隣アジア諸国に対する侵略を強めていった時期でもあった。松本の指導のもと，この国の図書館界は時局迎合の

東方図書館の炎上

満洲事変時、金品を戦地に贈る慰問運動が全国的に繰り広げられた。陸軍省の調査によれば、事変勃発から1年間で、恤兵金額で458万2700円、恤兵品は慰問袋188万4900個、酒類650石、食料品50万2000点、日用品64万6000点、越中褌36万3000本等が国民から寄せられた（江口圭一『日本帝国主義史論』青木書店、1975）。JLAも、関東軍へ慰問図書・雑誌を送り、日本の中国への武力侵略を支持した（「満洲駐屯軍慰問図書雑誌寄付募集」『図書館雑誌』25巻12号、1931.12　等）。JLAは同様の取り組みを盧溝橋事件の際も行った（「皇軍慰問図書雑誌寄付募集」『図書館雑誌』31巻10号、1937.10　等）。

JLAをはじめとする図書館界の戦時下の活動の一つに、戦地への慰問運動がある。『図書館雑誌』には、こうした取り組みが華々しく報じられたが、第1次上海事変時の「皇軍」による商務印書館および東方図書館の破壊が伝えられることはなかった。

商務印書館は各種の教科書・辞書・叢書・雑誌類の出版を手がける中国を代表する出版社であり、編集工作のために1897年2月の創立当時から精力的に図書を収集していた。その蔵書は「涵芬楼」と呼ばれ、国宝級の貴重書を多数蔵することで世界的に著名であった。1926年5月、商務印書館は創業30周年を記念して、その涵芬楼蔵書を中心に東方図書館を設立、一般に公開した。同館の蔵書は上海事変当時40万冊を超えており、国立北平（北京）図書館にならぶ中国最大規模の図書館であった（盧震京『図書学大辞典』台湾商務

印書館, 1979復刻 等)。

1932年1月29日, 商務印書館は日本軍の爆撃を受け炎上した。翌月1日, 火災は東方図書館に及んだ(日本の「浪人」が放火したともいわれる)。火は数日間燃え続け, 紙灰が数十里にわたって飛び散った。焼失した書籍は, およそ一般書35万冊, 善本3千種3万冊, 方志2万2千冊, 新聞雑誌4万冊などであった(「「一二八」商務印書館総廠被燬記」『中国現代出版史料』丁編下巻, 中華書局, 1959 等)。

東方図書館炎上は中国の人々の反日感情を決定的なものにした。中国の図書館人にとって東方図書館の破壊は, 一層衝撃的だった。浙江省立図書館の陳訓慈は日本の所行を秦の始皇帝の焚書をしのぎ, バンダル人のローマ文化破壊に匹敵する「蠹賊(ほうぞく)(蠹賊とは害をなす悪人の意)」であると断じた(陳訓慈「文化之浩劫：為東方図書館与其他文化機関之被毀声討暴日」『浙江省立図書館月刊』1巻1期, 1932.3)。

日本の蛮行はエドガー・スノーなどの欧米の記者によって全世界に伝えられ, 国際的な非難を浴びた。1933年4月「東方図書館復興委員会」が結成され, 同館再建が始まったが, この委員会には米, 独, 仏, 英の各国から賛助委員が参加し, その復興に国境を越えた支援が寄せられた。日本の図書館は国際社会の孤児となった。

第2次世界大戦末期, 日本の図書館は米軍の空襲などで甚大な被害をこうむったが, それに先立って日本軍は中国内の多くの図書館を破壊した。盧溝橋事件の前年, 1936年の中国の図書館総数は5,169館であったが, 第2次世界大戦終了後の1947年調査では2,702館に減少している(厳文郁『中国図書館発展史：自清末至抗戦勝利』中国図書館学会, 1983)。東方図

書館の爆撃は,その後の日本の所業の不幸な前兆でもあった。

(2) 図書館令の改正
中央図書館制度

松本喜一の帝国図書館長就任は,図書館界における大正デモクラシー期の終わりを象徴的に示す。以後日本の図書館は暗黒の時代へと進むが,1933年7月の図書館令の大幅改定(以下,改正図書館令)は,その本格的な到来を告げるものであった。なお,改正図書館令については,6章をも参照されたい。

松本は改正図書館令の制定を,「わが図書館発達史上まさに画期的とも謂つべき根本的の大改正」と評価し,その重点が「中央図書館の確立にあることは何人も直ちに首肯し得る所」とした(松本喜一「図書館令の改正」『図書館雑誌』27年10号,1933.8)。たしかに改正図書館令はこの国の図書館法制史上「画期的な大改正」であり,中央図書館制度の確立がその最大眼目であることは事実であろう。こうした見方は,戦後の図書館法制定時の社会教育局長である西崎恵にも受け継がれている(西崎恵『図書館法』羽田書店,1950)。

しかしこの制度が目的としたのは,帝国図書館―道府県中央図書館―各管内中小図書館という図書館中央集権体制の構築であった。松本は「青年団等に属する私立図書館中には往々にして購入図書の選択を誤り,青年の教養上寒心に堪へざる」ものがあると論じ,そのうえで「中央図書館長は師範学校長が管内の小学校を視察するが如く管内の図書館を視察指導する任務を帯」びていると述べている(松本,前掲論文)。以下に,松本の腹心ともいえる中央図書館長によって貫徹された図書

館統治の実態を，長野県にみてみたい。

長野県における図書館統制

5章に記したように，長野県では下伊那地方を中心に青年会（団）の活動が活発であり，その設置する図書館（文庫）が多数存在した。青年会の活動は，その自主化運動を軸に1920年前後に頂点に達した。その流れは1919年の千代村青年会を皮切りに，翌20年に伊賀良，喬木，鼎などの各村青年会に広がり，21年には下伊那郡青年会の自主化が成立した（長野県下伊那青年団史編纂委員会編『下伊那青年運動史：長野県下伊那郡青年団の五十年』国土社，1960　等）。

急進的な青年会活動に，当局側は危機感を強めていた。かれらの図書館も，「支離滅裂と申しまするか，自由奔放と申しまするか,全く自由に何等の拘束を受けないでやつて居」て，その「過激」思想の温床と目されていた（乙部泉三郎「長野県の図書館に就て」『図書館雑誌』28年8号，1934.8）。

1932年2月，県立長野図書館の館長に乙部泉三郎が就任した。乙部は1929年の同館開館時に司書として着任する前は，日本青年館図書館に勤務しており，青年会の経営などに通じていた。同年7月坂田喜一郎が，図書館，青年団等を分掌する社会課長に，学務課長兼任で就任した。坂田の前職は県特別高等警察課長であり，思想警察の元幹部が県の教育行政全般を掌握したことになる。

「二・四事件」

明けて1933年2月4日，県内「赤化教員」の一斉検挙が開始された。いわゆる「二・四事件」である。検挙者は教員

230名を含め608名にのぼる大弾圧であった（『長野県史　通史編』第9巻，長野県史刊行会，1990　等）。この事件によって，県下の民主的な文化・教育活動はほぼ圧殺された。青年会の図書館も，その直撃を受けた。乙部は次のように記している。「旋風が起つた。大検挙が開始された。／図書館に親しみ，図書館に活動した処の青年達の中から，赤の嫌疑を受けた者が挙げられた。……事件以後の青年団の図書館は，急に淋れて了つた。」（乙部泉三郎『農村図書館の採るべき道』県立長野図書館，1936）

　乙部の任務は，事件によって「委靡し又行詰つた」[ママ]図書館を「復興」することであった（乙部，前掲書）。それは中央図書館制度のもとに県内図書館を統括し，青年たちの自由な読書を制約することにほかならなかった。

　1933年10月24日，県立長野図書館は中央図書館に指定された。翌年3月，乙部は文部省奨励金を使用して，『農村図書館経営の手引き』を刊行し，県下に配布した。同書で乙部は，「図書館令の改正によって，図書館は県知事の認可を得ねば開設出来なくなりました」と述べ，自分たちが県下図書館の生殺与奪の権限を握っていることを強調する。

「発禁限界線論」

　1934年7月12日，県は「図書館令施行細則」を制定し，県内公私立図書館を中央図書館（県立長野図書館）の指導下に置くことを明示した（第2条）。また同日，学務部長名で「図書館令施行細則実施方ニ関スル通牒」を発したが，この通牒には発禁の限界に近い資料を「特殊書籍」として一般青少年の閲覧を禁ずることなどの「注意事項」が付されていた（県

立長野図書館編『県立長野図書館三十年史』県立長野図書館,1959)。

同年11月5日,県内公私立図書館関係者40名を集めて,長野図書館主催の長野県図書館協議会が開催された。協議会では6項目の「知事指示事項」が説明されたが,その第2項「図書選定ニ関スル件」でも,7月の学務部長通牒の「注意事項」同様の「発禁限界線論」が繰り返された。

協議会では「知事指示事項」の説明後,坂田社会課長が「所感」を述べた。坂田は自身の特高時代の経験をふまえて「思想取締の仕事に携つて,図書館の及ぼす害悪の如何に大きいかを痛感したこともあります。悪書の及ぼす影響は実に恐るべきものであま^{ママ}りす」といい,中央図書館と密接に連絡を取りながら資料の選択に十分注意することを強調した(「図書館協議会」『県立長野図書館報』3号,1935.2)。

(3) 優良図書館と読書運動

「図書館事業奨励規定」の制定

1936年6月,長野県は「図書館事業奨励規定」を告示した。これは「成績特ニ優良ナル」図書館や,「功績特ニ顕著ナル」図書館職員を表彰する制度で,中央図書館長は優良図書館の内申をすることが定められていた。翌37年2月に,上伊那郡小野図書館などがはじめて表彰された(『県立長野図書館三十年史』)。この制度は,図書館事業の発展に努める図書館や職員を力づける目的で創設されたようにみえるが,実際には図書館支配の手段としても使われた(小黒浩司「優良図書館の誕生:長野県下伊那郡千代村立千代図書館の歴史」『図書館界』55巻5号,2004.1)。

千代図書館の「光栄」

　第2回の表彰の候補となったのは，下伊那郡千代村立千代図書館であった。同館は1937年7月に独立館舎を新築しており，これが選定の直接の理由であろう。38年10月，乙部は千代村長（図書館長）の松島薫に対し，沿革，館則，蔵書目録，図書選定方法などの報告を求めた（1938年10月5日乙部発千代村長宛「図書館調査ノ件」『千代村立図書館　大正13年～昭和19年　千代支所文書』飯田市歴史研究所蔵）。ところが翌1939年1月，乙部は提出された図書目録中に「優良図書ト認メ難キ」26点があるとして，目録からの削除と閲覧禁止を指示した（1939年1月13日乙部発千代村長宛「蔵書目録ノ件」）。千代村長は乙部が指摘した図書をただちに「スベテ廃本ト致シ」た（1939年1月17日千代村長発乙部宛「蔵書目録訂正ノ件」）。

　蔵書の「洗浄」を終えた千代図書館は，1939年の「紀元の佳節」に「優良図書館」として県知事から表彰を受けた。同館にはさらなる「光栄」が訪れた。同年3月の松本帝国図書館長の「御視察」である。松本は県主催の図書館教育講演協議会の講師として来県したもので，乙部や文部省社会教育局の長野孝らを引き連れて，千代，上郷など下伊那郡下農村図書館4館を視察した（「時局下の県下町村図書館」『長野県立中央図書館報』16号，1939.3）。

　他方長野図書館は，「良書」の普及に奔走した。改正図書館令と同時に公布された図書館令施行規則第7条では，中央図書館の実施すべき事項の筆頭に「貸出文庫」があげられていた。同館の「貸出文庫」は文部省奨励金を使用して，1936年5月に始まった。以後同館による取り組みは，「敬老文庫」（1937年5月），陸軍療養所への「慰問文庫」（同年11月），「時

局文庫」(38年6月),「国民精神総動員文庫」(39年11月)と続く(『県立長野図書館三十年史』)。

青年会図書館の末路

泥沼化する戦争のなかで,青年たちの思想も行動も厳しく規制されていた。1941年1月,文部大臣を団長とする大日本青少年団が結成され,国家機関としての青少年団がつくられた。これに応じて,長野県でも2月,県知事を団長とする県青少年団の結団式が長野図書館で行われた。かろうじて生き延びていた自主青年会の命脈も断ち切られ,その図書館の経営も行き詰まり,町村に移管された図書館もあった。

上郷(かみさと)青年会も官製化の濁流に飲み込まれ,同年4月上郷青少年団となった。7月上郷図書館も村に移管され,村立上郷図書館となった。新たに制定された「上郷図書館職員規定」に基づき,館長に上郷国民学校の校長が,司書に教頭が就任した(『上郷青年会史』第2巻,上郷青年会,1957)。10月より司書小野惣平を中心に「読書研究会」が組織され,運営の刷新が行われたが,その過程で「蔵書中の不良なるもの約二百冊を廃棄処分した」(『農村文庫に関する調査』産業組合中央会,1942)。

乙部は,こうした時局の推移をむしろ前向きにとらえていた。彼は「図書館の如き社会教育施設はいつまでも青年の手にゆだねておくべきものではあるまい」といい,「町村図書館必備の時代来る」と高らかに宣言する(乙部泉三郎「読書の機会均等:町村図書館必備の時代来る」『読書信州』37号,1941.1)。

乙部泉三郎の読書論

乙部は「読書は単なる個人の利益の為になすべきもので無

い事は明かである。……個人的読書を一歩進めて集団的読書に発展させるべき時である」として（乙部，前掲論文），この期に集団読書運動を強力に推し進めようとした。長野図書館は『全村皆読運動について』（1941年1月），『信州の農村に於ける読書運動』（同年2月）を相次いで刊行した。1942年度，同館の貸出文庫利用冊数は戦前戦中の最高を記録した（『県立長野図書館三十年史』）。

前記2書のうち『全村皆読運動について』は，田口村の「敬老文庫」と称する全村皆読運動を紹介したものである。同書で乙部は「読書によつて国家の方針も正しく認識し，臣道を知り，皇民としての御奉公を完遂しうるに至る事を信ずるものである」と述べ，「非常時局下」の読書運動の意義を説く（『全村皆読運動について』県立長野図書館，1941）。

彼の読書観は，戦末期さらに「進化」する。「読書は単に文字を読むことではない。文字を通じて神の御声を聴き，道を知り，理を究め，人生を悟り楽しむの道である。されば読書は人生練成の道である。言葉なき生活はあり得ざる如く，書物なき練成の道も亦あり得ない。悪書は悪魔の使である。良書こそ神の仰である。青年男女諸君よ，書物を選べ，練成の道はこゝから通ずるのである。」（乙部泉三郎「言霊と読書練成」『読書信州』63号，1943.3）

乙部の監督のもと，長野県では多くの「優良図書館」が生み出された。それらは戦時下読書運動の担い手となり，次節に紹介する『読書会指導要綱』（1942年9月）を成立させ，国民読書運動発動のさきがけとなった。

7.2 戦時下の図書館

(1) 図書館の戦時活動
満鉄図書館の戦時活動

　先述のように，JLA は満洲事変の際などに慰問図書を兵士に送ったが，日本における図書館の戦時協力事業の草分けは，1918 年のシベリア出兵時に遡る。とくに南満洲鉄道株式会社（以下，満鉄）図書館の「戦時巡回書庫」は，第 1 次世界大戦時の米国図書館協会の活動から着想された，大規模なものであった（佐野文夫「満鉄図書館に於ける戦時巡回書庫活動の概況」『図書館雑誌』37 号，1919.8）。

　満鉄図書館は「勇士に図書を」の標語のもと，1918 年 10 月から翌年 5 月までに，11,066 冊の図書をシベリアに発送した。その図書を輸送する箱は，弾薬箱に転用できるように形状を工夫したものであった（『満鉄附属地経営沿革全史』上巻，南満洲鉄道株式会社，1939）。

　そして最も大規模に行われた図書館の戦時活動も，満鉄図書館によって行われた。1931 年 9 月に始まった満洲事変の際，満鉄図書館は「陣中文庫」の募集と『全満二十四図書館共通満洲関係和漢書件名目録』の編纂という二つの事業を展開した（南満洲鉄道株式会社総務部資料課『満洲事変と満鉄』南満洲鉄道株式会社，1934）。

　「陣中文庫」は，JLA の取り組みと同様の慰問図書の募集であるが，現地新聞で大々的に報じられ，満洲各地の婦人会，学校，企業などによる組織的な協力があり，1931 年 12 月の募集開始から翌年 5 月までに，11 万 6683 冊の図書・雑誌，16,480 部の新聞が集まった。当時の満洲在住日本人がおよそ

20万人であるから,事実上の総動員体制といえよう。これを各図書館が取りまとめ奉天図書館に送付,同館は軍当局と打ち合わせて満洲各地に送付した。

『全満二十四図書館共通満洲関係和漢書件名目録』は,関東庁図書館を含めた満洲24図書館が1931年12月末日現在で所蔵する満洲関係文献の件名目録で,1932年8月発行された。各図書館が奉天図書館に関係図書のカードを提出,奉天図書館がこのカードによって編纂を行った。

衛藤利夫の思想と行動

以上のように,二つの事業の中心となったのは満鉄奉天図書館であり,その活動を陣頭指揮したのが同館館長衛藤利夫であった。衛藤は1919年7月満鉄入社,1922年5月奉天図書館長となった。柿沼介大連図書館長(1915年入社,1925年5月館長就任)とともに,満鉄図書館界の中心的な存在であった。

彼は事変勃発の翌日から,戒厳令下の奉天市内で「自ら率先,写真機を肩にし,危険を犯して資料蒐集に力を致」した(前掲『満洲事変と満鉄』)。彼は在奉天の関東軍司令部に出入りし,とくにその第4課(調査,情報,宣伝の機関)が参考資料の不足に苦労しているのを知り,1931年11月,奉天図書館特別閲覧室に関係図書1,500冊を陳列,これを「時局文庫」と名づけて関係者の利用に供した。

衛藤は満洲事変を「文化的価値の高い文化現象」ととらえた。そして「図書館本来の使命を果すべき千載一遇の秋だ」として,奉天図書館のみならず満鉄図書館挙げて事変協力へ駆り立てようと企図した(衛藤利夫「満洲事変と図書館」『書香』

39号,1932.6)。彼は関東軍の意向を背景に,渋る会社重役を説き伏せ,上記2事業を実現させたのである。

衛藤の積極的な事変関与の姿勢は,彼の国家主義的思想傾向による(小黒浩司「衛藤利夫:植民地図書館人の軌跡」『図書館界』43巻5/6号,1992.1/3)。衛藤は事変以前から,大川周明などの右翼活動家や強硬派将校たちとかかわりをもっていた。とくに北一輝とならぶ革新的日本主義の主導者である大川は旧制五高の同窓であり,同高で教頭排斥運動をともにたたかった間柄であった。1928年から29年にかけて,大川の主宰する雑誌『東亜』に,衛藤はいくつかの文章を発表している。

1932年1月,衛藤は自治指導部付設の自治訓練所講師に就任し,「満洲史」を講ずる。自治指導部は関東軍が満洲独立工作を統括するため,1931年10月設置したもので(「満洲国」建国後資政局に改組),この自治指導部の中心人物が笠木良明である。笠木は衛藤と同じく1919年の満鉄入社。大川の思想的影響をうけ,国家主義に目覚めるが,大川・北の対立をきらい,大連で大雄峯会を結成,独自の活動を行う。

笠木の運動論は,仏教思想を基礎にした「大乗的日本主義」であった。こうした笠木を高く評価したのが,日蓮主義者の石原莞爾であった。石原の支持を得て,自治指導部は大雄峯会会員が多数派を占め,主導権を握った。しかし彼の手法に対する反発も強く,1932年6月ついに関東軍は笠木一派の牙城である資政局廃止に踏み切り,笠木らを「満洲国」政府から追放する。

「満洲国」を逐われた笠木は1933年1月東京に戻り,4月児玉誉士夫らと大亜細亜建設社(当初は大亜細亜建設協会)を設立,活動を再開する。大亜細亜建設社の活動資金は,外

務省情報部長河相達夫の公金流用や，笠木の同調者からの寄金に支えられていた。衛藤も同社賛助員に名を連ね，笠木を支援した。

5月に同社の機関誌『大亜細亜』が創刊された。衛藤は創刊からしばらくの間，毎号のように文章を寄せるのであるが，原稿料は受け取らなかった。同誌寄稿は，衛藤の笠木支持の姿勢を示している。1934年3月，大亜細亜建設社奉天支部が設置され，衛藤は支部代表に就任した。

衛藤に限らず，植民地に暮らし，異民族・異文化と日常的に接触する人たちの間に，程度の濃淡はあるが，特異な「国家」に対する意識が形成されていた。目の前で戦争が始まり，人々の「愛国心」に火が点いた。それゆえに衛藤の指揮する満鉄図書館の慰問図書募集に熱狂的に応じたのである。やがて戦争が拡大し，ファシズムが進行するなか，衛藤の思想と行動は「内地」図書館界に還流する。

(2) 総動員体制下の読書運動
中田邦造と衛藤利夫

満洲事変ののち，日本は1937年7月，対中全面戦争に突入し，8月国民精神総動員運動が始まった。1941年12月には，英米に宣戦を布告，戦火は南方へと広がった。人々の生活の隅々にまで管理が及び，当然図書館の活動も著しく制限された。こうした困難な状況のなかで，図書館の地位向上に執念を燃やしたのが中田邦造である。だがそれは，図書館が進んで人々の心を支配することにほかならなかった。

中田は，石川県立図書館で独自の読書会活動を行い，一定の成功を収めた（『中田邦造』日本図書館協会，1980　等）。1940

年4月,中田は石川県立図書館から東京帝国大学図書館に転じ,JLA運営を全面的にとりしきるようになった。彼はその読書運動論を全国規模で実施することで「図書館中心の挙国的文化機構結成」(「第三十一回全国図書館大会議事録」『図書館雑誌』31年8号,1937.8)を実現しようとした。しかし,それには時に強力な指導力を発揮し,時に多方面に働きかけを行い,中田の構想を援助する人物が必要であった。中田はそれを衛藤に求めた。

　中田は衛藤を「遥々満洲から引張り出すことに異常な熱意と粘りを示した」(中田邦造「図書館協会を背負込む前後のこと」『図書館雑誌』47巻8号,1953.8)。理事会を動かし,衛藤担ぎ出しのため「強引な波状攻撃をかけた」(鈴木賢祐「帰国したころ」『図書館雑誌』47巻8号)。1941年10月には中田自身が奉天に衛藤を訪れ,その説得にあたった。

　一方,衛藤は1922年5月の奉天図書館長就任以来20年余にわたって,「大満鉄」の庇護の下で比較的自由に図書館を経営してきた。だが満鉄も時局の推移のなかで経営の見直しを余儀なくされ,図書館事業の大幅な縮小に踏み切った。1940年3月には僚友柿沼介大連図書館長が更迭された。つのる閉塞感のなか,中田の誘いは衛藤にとっても魅力的であった。

　1942年1月,衛藤は奉天図書館長を退職,JLA理事となり,東京に転居する。さらに彼は翌年1月には,常務理事に就任する。中田は衛藤を「協会のフリーランサー」といい,あるいは「大久保彦左衛門」ともちあげた(中田邦造「『クヮン漬め半生』の代弁」『図書館雑誌』36巻10号,1942.10)。衛藤も「館界人に魂の入れどころを悟らせねばなるまい」と,その期待に応えようとした。

「小諸会談」

1942年6月、JLAは中田を部長に臨時研究企画部を発足させ、その下に「読書会指導要項」委員会、「少国民読書生活指導要項」委員会を置いた。このうち「読書会指導要項」委員会は、5月に文部省と協力して原案作成のための委員会を開き、有山崧（文部省）が原案起草を担当した（「彙報」『図書館雑誌』36年6号、1942.6）。8月「読書会指導要綱」原案を検討し、最終案を作成するため、長野県小諸の鉱泉で合宿が行われた。

合宿には、中田、衛藤、有山といった委員のほかに、乙部や小野惣平（上郷国民学校）など長野県の読書指導関係者が参加した（「彙報」『図書館雑誌』36年9号、1942.9）。乙部による「優良図書館」育成の成果が、「要綱」の作成に生かされたのである。もっとも、乙部は正式な委員にはならなかった。その経緯は不明であるが、乙部は一時期奉天図書館で衛藤の部下として働いていたことがあるが、1年足らずで他館に転出している。2人はどうもそりが合わなかったようだ。

この合宿を衛藤は「小諸会談」と呼び、そのあらましを紹介する文章を書いている。そこで彼は読書の目的・意義について、次のようにいっている。「皇国民として精神的な自覚に目覚めて、この世界の大変革に際して、やがて彼等の双肩に托せらるゝであらう日本の運命を如何に導くべきか、その使命に生き、そしてその使命のためには喜んで死するの精神を把握せしむるに在る。……知能的、科学的、乃至情操趣味常識を豊潤にするの読書を与へないことはないが、それは寧ろ第二義である。第一義はトコトンまで皇国民としての自覚とその精神的な切磋琢磨と云ふことに在る。」（「井荻雑記」(2)

『収書月報』80号, 1942.9)。

　この衛藤の読書に関する見解は, 中田の読書運動論を歪めるものではなかろう。そもそも個人的な営みである読書を集団的に行おうとすること自体が, 読書の本質を歪めているのである。だが, 集団読書に対する「期待」は敗戦後も根強く残り, 今日も生き続けている。

国民読書運動へ

　1942年9月,『読書会指導要綱』は文部省とJLAの共編で刊行され, 国民読書運動がいよいよ開始された。衛藤はその具体化に向け, 満鉄時代の知己を訪ね歩いたようだ。1943年1月9日（衛藤がJLA常務理事を委嘱された日である）, 彼は大亜細亜建設社に笠木良明を訪ねた。衛藤は「建設社を手始めにポツポツ知人を訪問するつもり」と笠木に語った（笠木良明「往返途聞」(79)『大亜細亜』11巻2号, 1943.3）。また同年4月18日, 衛藤は興亜塾で開かれた「在（滞）京賛助員招待会」に出席している（「在（滞）京賛助員招待会」『大亜細亜』11巻5号, 1943.5）。

　笠木は1938年, 児玉誉士夫らと興亜青年運動本部を結成, 翌年には興亜塾を開設, また日独伊軍事同盟締結要請全国青年連盟相談役になるなど, さかんな活動を継続していた。衛藤は笠木を介して, この読書運動の全国展開を促進しようとしたのであろう。

　1943年11月, 満洲開拓読書協会が発足した。衛藤の奔走の甲斐あってか, その役員には日・「満」の要人が名を連ねていた（中田邦造「国民読書運動の国策参加への第一歩：財団法人満洲開拓読書協会の設立を見て」『図書館雑誌』37年11・12号, 1943.

12)。そして翌 1944 年 2 月には,静岡県芝富の日蓮宗の寺院に,中田を所長とする読書指導者養成所が開設された(「図書館時事」『図書館雑誌』38 年 2 号,1944.2)。中田の宿願が達成されようとしていた。

だが彼の構想した読書運動は,戦局の悪化によって未完に終わった。それは,中田や衛藤たちからすれば無念であったかもしれない。しかしこの国の図書館の歴史にとっては,幸いなことであった。

7.3 戦後図書館改革の実相

(1) 草の根の図書館復興
戦後の図書館改革

敗戦後の日本は,米国を中心とする連合国軍(GHQ)の占領下に置かれた。GHQ の指示に基づき,新憲法制定をはじめとする諸改革が推進され,戦後日本の大枠が形成されていった。

だが,当初 GHQ がめざした諸政策は,当時の日本人,日本社会の実態からすれば,荷の重い部分も少なくなかった。また,東西冷戦の激化による国際情勢の変化などにより,所期の目標を達成できなかった部分もある。

図書館分野においても,GHQ の教育・文化部門を担当する民間情報教育局(CIE)のもと改革が始まり,1950 年の図書館法制定など,今日の図書館の基礎がこの時期築かれた。しかし CIE の図書館担当者がたびたび交代したことなども影響して,図書館改革も不徹底に終わったといえる。

他方,CIE が主導する中央段階での図書館再建とは別に,

各地で独自の復興への取り組みが始まっていた。それは、あるいは中央に先行して自発的に行われたものである。本節ではその一例として，長野県下伊那郡上郷村の青年たちによる図書館復興の試みをみてみたい（奥泉和久，小黒浩司「戦後復興期における上郷図書館の民主化運動をめぐって」『図書館界』55巻3号，2005.9）。

上郷図書館の再生

1945年8月30日，戦前から続く官製の上郷青少年団が解散され，9月13日自主青年会上郷青年会が，また10月7日には上郷女子青年会が，それぞれ創立された。10月10日に図書館再開にむけての協議が行われ，12月図書館の運営を担当する図書部を設置し，1946年1月1日より図書館を開館した（『上郷青年会史』第2巻，上郷青年会，1957）。

迅速な復興は注目に値するが，図書館に限らず，その活動は戦前のものを踏襲したものであった。再建された各地の青年会も「国体護持」を会則に掲げるところが多かった。上郷女子青年会の会則第1条にも，「皇国女性トシテノ自覚ニ徹シ堅実ナル教養ト温良貞淑ナル婦徳ノ涵養ニ務ムルヲ以テ目的トス」とある（北河賢三『戦後の出発：文化運動・青年団・戦争未亡人』青木書店，2000）。こうした青年会に対する批判の声は次第に高まり，ついに1948年4月，上郷青年会は一旦解散し，7月再発足をすることになった。青年会組織の混乱，さらには社会情勢の激変は，図書館の運営にも少なからぬ影響を及ぼすことになる。

「図書館解放運動」

1946年7月,図書館2階に村の診療所が開設された。この診療所開設は村内急進派の中心人物である北原亀二村議会議員の提起した事業で,北原は1947年4月,戦後初の公選村長となる。診療所は北原村政の目玉事業であるが,議会で予算案が否決されるなど村内の保守層の反発も激しかった。

青年会は,図書館2階を診療所に提供することに当初強く抵抗しなかった。ところがその結果は,青年会の活動に重大な支障をきたすことに気づいた。図書館は単に資料の貸し借りをするだけの場所ではなく,青年たちがお金も出さずに,誰にも気兼ねなく集まることができる貴重な場所であった。図書館が自分たちにとってかけがえのない大切な「場」であることを認識したかれらは,それを取り戻すための運動をはじめた。かれらはこれを「図書館解放運動」と呼んだ。

しかし前述のように,診療所をめぐっては村を二分する対立が起こっていた。村の財政難も重なって診療所の適当な移転先が見当たらず,図書館の2階はなかなか青年たちの元には戻ってこなかった。青年会内部にも北原村長に共鳴する勢力と,それに反対する勢力があり,事態を複雑なものにした。しかし,青年たちは粘り強く村側と交渉を続け,1950年7月に至ってようやく診療所の移転が決まり,「図書館解放運動」は決着した。

館長の選任をめぐって

前記のように,1945年9月再発足した青年会は,戦前の官製青年会の影を引きずっていた。若者たちはその残滓を払底するために,さまざまな努力を行った。図書館にかかわっ

ては，館長の選任に関する館則の見直し問題があった。

　戦後いち早く再開された上郷図書館であるが，館則については戦前のそれを無批判に継承していた。ここで問題になるのは，第5条中の「館長ハ上郷国民学校長ヲ以テ充ツ」という条項である。図書館の独立性を確保するためにも，館長を自らの手で選ぶことの重要性を青年たちは，戦前の教訓から学び，館則の改正に取り組んだ。

　図書館長の選任をめぐっては，1946年9月11日の臨時総会ですでに議論となっていた。この臨時総会は，「会則の根本的欠陥」，「自主的青年会の社会的使命」，「其の他青年会に対する不満を問う」を研究課題に据え，討議が行われた（『上郷青年会史』第2巻）。これは，戦前の会則に若干の改正を加え運営されている現在の青年会を，抜本的に見直そうという意見が青年会内部でわき起こってきたことを示す。そしてそうした観点から，館則が俎上に上がり，図書館のあり方が問われたのである。

　1947年12月13日の青年会総会で，その会則の一部が改正され，青年会が図書館長を推薦することになった。またこれに関連して，村立上郷図書館則中の上郷図書館職員規定の一部も改正された。1948年は従来どおり中学校の校長が館長となったが，改正された会則にしたがって評議員会の推薦を経て総会で決定した。翌1949年には，図書館長に青年会長が選出された（奥泉和久「図書館運動の系譜：長野県下伊那郡青年会の図書館運動をめぐって」『図書館文化史研究』18号，2001.9）。

　青年たちは過去の苦い経験を活かして，あるいは「図書館解放運動」を通じて，図書館の役割を深く理解するようになった。自由で民主的な図書館の実現に，彼らは情熱を傾けた

(2) 図書館人の戦後認識
乙部泉三郎の歴史認識

それでは，戦時下の図書館界の指導者たちは，敗戦という事態をどのように受け止め，戦後をどのように歩もうとしていたのだろうか。

戦前，県立長野図書館長として県下の図書館を厳しく取り締まり，青年たちの活動を抑制してきた乙部泉三郎は，戦後も県内図書館めぐりを続けていた。そこで彼は「呆然自失の形」の青年たちを見，かれらの参考に資すため，1946年12月『自主的青年団の経営』を著した。その序において，乙部は「天下り的組織の青年団，所謂官製青年団は終戦と共に瓦解した。全国各地に澎湃として設立された自主的青年団はデモクラシーの時代の息吹を受けて溌剌たる姿を現して来た。今や青年の時代は来たのである。未来は青年のものである。……わが敬愛する青年諸君よ，深く思いを前後に展べて躍動する新青年団を経営せられよ」と，高らかに宣言する（乙部泉三郎『自主的青年団の経営』アルプス書房，1946）。

乙部はさらに，1948年1月，前著の改訂版『民主的青年団の組織と運営』（信友社出版部）を公刊した。同書でも，彼は「日本は何と云つても終戦前迄は封建時代でありました。封建時代に青年団だけが民主的な独自的な自由な経営が許される筈が無かつた」といい，また「昭和六年満洲事変が起り，続いて昭和十二年華日事変が起つた頃になると世の中は次第に軍国化して青年団も自づからそれと歩調を合せる様になつて来ました。……命令は上から下へと下される時代がこの頃

からはつきりして来ました。……青年団の自由は失はれてしまつたのです」と述べている。彼は敗戦から間もない時点で，すでに従前の青年会の歴史を的確に把握していたといえる。しかし，そのなかで彼自身がどのような役割を果たしてきたのかについては，言及していない。

教育委員選挙への出馬

1948年9月，乙部は第1回の長野県教育委員選挙に立候補する。この教育委員公選は，教育行政の民主化を目的に，GHQの肝いりで7月に公布・施行された教育委員会法に基づいて実施されたもので，9月5日に告示，10月5日に投票が行われた。

立候補にあたり，乙部は「学校教育の拡充はもちろんのこととくに青年教育，婦人教育などの社会教育の方面に力をつくしたい。なんとなれば今後の信濃教育は社会教育の発展において本当の真価をあらわすからだ」と，抱負を語っている（『信濃毎日新聞』1948.10.2）。

乙部は，特定の党派・団体の推薦を受けずに立候補し，「六十名の署名を求め自転車で街をとび回つ」た（『読売新聞』長野版，1948.9.14）。戦前から青年たちの「指導」に県内を駆け回っていたので，「乙部氏は図書館長で青年層が支持……全県的に票を獲得するものとみられる」とマスコミも報じていたし（『毎日新聞』長野版，1948.9.21），本人もそれを期待しての立候補であったろう。

しかし選挙戦が進むにつれ，地元出身者・教育関係者の優位が明確となり，彼に対する下馬評も「やゝ苦戦」，「次点争い」と後退していく。そして開票の結果，事前の予想通り，

候補者が乱立した北信地域を除き，出身地元票を固めた6人が当選し，乙部は落選する。

乙部の得票は2万2千票余り。25人の立候補者中13位の得票で，次点候補にも2万票近い差をつけられた。青年たちの乙部に対する信任はそれほどのものではなかった。マスコミは「選挙独特の県民意識を忘れ，日ごろの講演会における青年層の集りに幻わされた甘い選挙戦術の結果といえよう」(『信濃毎日新聞』1948.10.7)と論評した。

乙部が何を思って立候補したか，今となっては不明である。ただ明らかなことは，教育委員は公職の兼務が認められておらず，当選の暁には彼は図書館長を辞す覚悟をもっていたことである。

県立長野図書館長退任

1949年8月末で乙部は県立長野図書館長の職から退き，以後館界から離れ，文筆の生活を送る。彼の後任である叶沢清介によれば「長野県には県立長野図書館という立派な館はあるけれど，図書館の運営はなっていない」という，CIE係官から勧告書が更迭の直接の理由であった(叶沢清介『図書館，そしてPTA母親文庫』日本図書館協会, 1982)。

このCIE係官はジャドソン（F. B. Judson）とみられる。当時の県教育長小西謙は，1949年7月に来県したジャドソンが次のように県立図書館を酷評し，また複数の県軍政部係官が県立図書館の状況を批判していたことを証言している。「今まで全国の図書館七五を視察したが，そのうち立派な三館中の一つがこの県立図書館である。建物においては全国屈指の優秀なものであることは折紙をつける。但しこれは建物とし

てだけの評価だ。図書館としての機能についてはゼロである。全く自慢にもならない代物だ。これはいわば建物だけの図書館であるに過ぎない。」(小西謙『星条旗の降りるまで：占領下信州教育の回顧』信濃教育会出版部, 1957)

　乙部が挑んだ教育委員選挙は，GHQによる教育改革の一つの柱であった。しかしこの教育委員公選制度は短命に終わる。1956年6月，教育委員会法は廃止となり，かわって「地方教育行政の組織及び運営に関する法律」が公布され，委員は任命制になった。それは戦後教育改革の形骸化を示すものであった。

(3) 日本図書館協会の再建

衛藤利夫の歴史認識

　一方，戦後初代のJLA理事長には，衛藤利夫が就任した。彼は3年間その地位にあって，戦後の復興に力を尽くしたことから，「協会再建の大恩人」として，「図書館を育てた人々」の一人に列せられる。

　復刊された『図書館雑誌』の巻頭で，衛藤は「日本図書館活動の新生面：就任の挨拶にかへて」と題して，次のように述べている。「日本の敗因が目下いろいろに考へられ，将来も厳しく検討されねばならぬと思ふが，究極の根源は，明治以来の教育の在り方に存する……日本の学校教育は，乃至軍隊教育は人を造る代りに器械を，器具を大量生産した。……個々の人が，自覚と信念と判断と責任とを持たない，魂の抜けた人造人形であつたのである。愚かな指導階級から，戦争を強ひらるれば無反省にその通りに動き出し，遂に邦家を奈落の底に顚落せしむるの軽挙を敢てしたのである。」(衛藤利

夫「日本図書館活動の新生面：就任の挨拶にかへて」『図書館雑誌』41年1号，1946.6）

　衛藤はまた，JLAの社団法人化に際して，「図書館協会の徹底民主化」という文章を同じく『図書館雑誌』に掲載し，次のようにいっている。「日本は何故こんな愚劣な戦争に突入したのか？どうして負けたのか？国民性に根本的な欠陥がありはしないのか？国民教育に大きな錯誤はありはしなかつたのか？」（衛藤利夫「図書館協会の徹底民主化：『財団』から『社団』への切替え断行」『図書館雑誌』41巻1号，1946.6）

　衛藤は日本が「愚劣な戦争」を引き起こした根本原因を「国民教育」に求める。この「国民教育」に関して，彼は1928年に雑誌『東亜』に掲載された「東亜諸問題座談会」において，大川周明や五・一五事件で検挙された長野朗らを前にして，次のように発言している。「どうしても我々が鳥の肉を食つても悪と感じないやうに，或は畑のものを取つて食うことを悪と感じない程，支那を以て我々の食物とするのは当然だと云ふ所迄突き進んで行きたい，国民教育を其処迄持つて行きたいと思ふ。」（「東亜諸問題座談会」『東亜』2巻2号，1929.2）

　およそ自由な現在のモノサシをもって，昭和戦前期を生きぬいた人々の言動をあげつらい，裁くことが本稿の目的ではない。ここで強調したいのは，戦前と戦後は決して断絶してはいないということである。

　敗戦の衝撃を十分に消化し得ないまま戦後は始まったのであり，そのことが戦後を制約することにつながったのである。ここでは日本図書館協会の再建に，連続と断絶の戦後をみてみたい。

日本図書館協会の戦後体制

敗戦後，JLAが当時の関係者の献身的努力によって復興したことは事実である。とくに有山崧が私財を投じてJLAの再生を支えたことを，われわれは忘れてはいけない。しかし，JLAの戦後史には別の側面も存在する。

敗戦後，占領軍からJLAを民主的団体に再建して図書館運動の中心とするべきだとの勧告を受け，有山や中田邦造がその方策の検討を始めた。かれらはJLA再生の中心として，衛藤利夫に出馬を要請した。中田によれば，衛藤はJLA事務局体制の刷新を理事長就任の条件とした（中田邦造「図書館協会その後」（下）『図書館雑誌』40年2号，1946.6）。また有山によれば，有山自身のJLA入りを条件とした（有山崧「日本図書館協会の再建」『図書館雑誌』59巻8号，1965.8）。

かくして事務局長以下旧来の全職員が退職し，1946年2月28日，衛藤が事務局長，有山が総務部長兼指導部長に，4月1日付で越村捨次郎が配給部長に就いた。なお，衛藤のJLA理事長兼事務局長就任は，同年4月20日である。

有山は，衛藤の後を継いで1948年6月事務局長となり，1966年3月までその職を務めた。その間の事跡は，ここで紹介することもなかろう。先に記したように，有山は衛藤擁立工作を進めるうちに「ついにミイラ取りがミイラになることになった」のであるが（有山，前掲論文），有山の優れた才能を認め，彼をJLAに引き入れ，次代を託した点において，衛藤はたしかに「協会再建の大恩人」であり，「図書館を育てた人々」であろう。

一方，有山とともに衛藤が選任した越村については，不明の部分が多い。その退職の日付も，経緯もまったくわからな

い。有山もわずかに「衛藤氏の知人で満州開拓帰りの豪傑」と記すだけである（有山，前掲論文）。そこで少し詳しく，配給部長就任前の彼の経歴を紹介したい（『検察秘録二・二六事件』角川書店，1989-1991，「国家主義系団体員の経歴調査（一）」『思想資料パンフレット特輯』24号，1941.4　等）。

配給部長・越村捨次郎について

越村捨次郎は1901年石川県生まれ。神戸高等商船学校を卒業して，幹部候補生として入隊し少尉に任官。除隊し鉄道省に勤務の後，郷里金沢で兄を手伝い便器製造業に従事した。その間，彼は国家主義運動に参加し，大川周明の指導感化を受け，1935年結成の天剣塾顧問となった。

越村は1936年の「二・二六事件」に際し，反乱軍決起に呼応，天剣塾塾生とともに石川県知事に面会し「昭和維新」への賛同を求めようとして警官に暴行を加えた。彼は「反乱罪」で起訴され，禁固2年の実刑判決を受けた。

1938年に仮出獄した越村は満鉄に入社，奉天に移住した。越村と衛藤との接点は，ここに生まれたとみられるが，衛藤は1935年，クーデター計画の中心人物菅沼三郎大尉らと会食するなど，事件関係者と深いつながりがあり，以前から2人に交流があった可能性も否定できない。

以上のことから，越村が図書館界とはまったく無縁の人物であったことがわかる。衛藤はこの越村を「図書館協会の徹底民主化」の一翼を担う者として，有山とともに選任したのである。

陣容を新たにしたJLA事務局は，1946年4月27日，東京・小石川の金鶏会館に移転する（〜1948年3月）。金鶏会館は，

1927年安岡正篤が創設した金鶏学院の施設であるが,同院は同年1月GHQから解散指令を受け,安岡も公職追放となった。つまりあるじ不在の建物をJLAが拝借したのである。有山によれば,「広々としていてその道場的雰囲気は,協会事務局員の図書館界復興を通して日本再建の一翼たろうとする修行への情熱をかきたてるに役だった」という(有山,前掲論文)。

「図書斡旋配給事業」

さて,越村のJLAでの担当職務は物資(図書)の斡旋事業であった。1946年12月,「地方に良書を普及導入する」ために,「図書斡旋配給事業」が開始された。越村はその目的と意義について,館界の全国的一体化,独立性の確保,経済的基盤の確立の3点を挙げている(越村捨次郎「図書斡旋配給事業と館界に望む事」『図書館雑誌』41巻1号,1947.1)。

しかしながら越村の意気込みに反して,事業は思うように進展しなかったようである。1949年6月,衛藤に代わって中井正一が理事長となり,図書斡旋配給事業も中止となった。越村も衛藤の退任と前後してJLAを去ったとみられる。

JLAは,中井理事長・有山事務局長の時代を迎えて,ようやく「戦後」にたどり着いたともいえる。だが,JLAの財政は相変わらず貧しく,活動資金獲得のため,1949年2月,図書斡旋配給事業と同工異曲の「八千円文庫」を起こす。4月「図書推薦委員会」,「図書選定委員会」が設置され,5月には『読書相談』が創刊された。

しかしこの「八千円文庫」も失敗し,JLAは不渡り手形を出す寸前に追い込まれた。JLAは『日本十進分類法』(NDC)

新訂6版の刊行によって,事態の打開を図ろうとした。1950年7月,JLAはNDCの育ての親ともいうべき間宮不二雄との交渉も不十分なまま,NDC新訂6版の出版を強行し,危機をしのいだ(青木一良「日本図書館協会戦後再建期の思い出:事務局から見た有山方式成立の側面」『図書館評論』17号,1977.3)。

NDCの印税収入によって,JLAの財政は一応安定し,以後の有山体制を支えた。1950年12月,事務局は上野図書館に完全移転し,1973年5月の図書館会館新築移転まで動くことはなかった。同年4月,図書館法が公布され,ここに名実ともに図書館復興の礎が築かれたのである。

7.4 戦後の幕引きをつとめた図書館人

(1) 松本喜一の退場

戦争は図書館の敵にほかならない。戦乱期は,図書館で働く者たちにとっても受難の季節であった。

日本の敗戦から間もない1945年11月,帝国図書館長松本喜一が死去した。彼の退場は,この国の図書館の一時代が終わったことを象徴している。しかし新しい時代は,敗戦を機に截然と始まったのではない。戦渦のなかを生き延びた図書館人たちによる幕引きを経て,本格的な戦後が訪れたといえる。

本節では,2名の県立図書館長を中心に,敗戦後の図書館界で改革の先陣を切り(時にあるいは改革の足を引っ張り),今日の基礎を築いた先達を紹介する。

ところで,前記松本の末期の模様を,その死の直前に見舞った岡田温が伝えている(岡田温「松本先生を思ふ」『図書館雑誌』40巻2号,1946.7)。それは敗戦直後の混乱期とはいえ,帝国

図書館長として，また JLA 理事長として，栄華を極めた人物の最期としては，あまりに寂しいものであった。

さらに岡田は，24 年に及ぶ松本の帝国図書館長在任期間は，米国議会図書館のスポッフォード（A. R. Spofford）やパトナム（H. Putnam），大英博物館図書館のパニッツィ（A. Panizzi）に並ぶが，その業績については，かれらに比すべきものはないと断じる。しかしその評は，いささか手厳しすぎるようにも思える。

岡田に限らず，従来から松本に対する評価は決して高くない。けれども彼は困難な時代環境のなかで，図書館の発展に彼なりに貢献した。前記の岡田もまた，国立図書館の発展に熱意がない日本政府こそ責任の大部分が負うべきであるとしている。パトナムなどには及ばないのだろうが，田中稲城がなし得なかった帝国図書館の増築が実現したのは，松本の業績といえるだろう。あるいはその内容について評価は分かれるが，館界宿願の図書館令の抜本改定も，彼の尽力が大きい。

以下本節にとりあげる人物についても，今後さまざまな角度からの検証が必要であろう。またかれら以外にも，敗戦後の図書館の復興・発展に寄与した多数の図書館人がいる。戦後図書館史の見直しのなかで，その歴史にかかわった人々の再評価も進められることになるであろう。

(2) 図書館人の出処進退
堺市立図書館長・田島清

戦時体制に図書館が組み込まれ，そこで働く図書館人たちもその渦中に巻き込まれることになった。敗戦後，とくに館長のような職にあった人たちのなかには，その「責任」を自

らに問う人もいた。乙部泉三郎の県教育委員選出馬も，あるいは彼なりの「戦前」の清算のしかただったのかもしれない。

1937年9月に堺市立図書館の初代専任館長となった田島清は，非科学的な皇国史観に批判的であったが，しかし一方で館長という立場から，大政翼賛会堺支部の参与に任ぜられる。1945年7月の空襲で，堺市立図書館は書庫を除いて焼失した。敗戦直後，田島は市長に辞表を提出する（1946年11月依願免官）。

彼は「たとえ組織の末端であれ，戦時中市民の知的精神的指導者の一人として私が果たした役割に対する責任」といい，また「今後もはや知的職業には就くまい」と決意する（『回想のなかの図書館：中之島から宿院へ』広文堂，1975）。彼の決然とした出処進退には，襟を正さざるを得ない。

他方，千葉県立図書館長の廿日出逸暁の「戦後」も，別の意味で印象的である。

廿日出逸暁の場合

廿日出が，ドイツ留学から帰国し，帝国図書館などを経て，御成婚記念千葉県図書館の館長に就任したのは，1935年8月のことである。同館は，1933年10月中央図書館に指定され，翌34年12月新館が落成，弱冠34歳の廿日出を初の専任館長として迎えた。彼は内外の期待を一身に集めた，いわば「改正図書館令」の申し子であった。実際，彼は乙部や静岡県立の加藤忠雄などとともに松本喜一の側近として活躍する。有山にいわせると「外助の功は，廿日出，乙部」である（「座談会　館界の敗戦前後」『図書館雑誌』59巻8号，1965.8）。

ところが敗戦後，廿日出は鮮やかな変わり身をみせる。彼

は1946年1月の千葉軍政部設置直後から,積極的に同部に接触し,同月駐留軍将士による「実用英語講座」を開講する。またアルマー少尉夫人らによる「女性文化講座」のほか,1948年8月開催の図書館経営講習会では,バーネット(P. J. Burnette)と千葉軍政部報道課長のリンドバーグを講師に招く(千葉県立中央図書館創立三十周年記念事業実施委員会編『千葉県立中央図書館三十年略史』千葉県立中央図書館創立三十周年記念事業委員会,1956)。

移動図書館による巡回サービスを思いついた廿日出は,軍政部のリンドバーグに米軍車両の払い下げを相談する。米軍側もその占領政策の情宣活動の一環として払い下げに応じ,自動車の調達が実現する。

この移動図書館は「ひかり号」と命名され,1949年9月から巡回を実施した。県民に好評をもって迎えられ,1950年7月2号車,1952年6月3号車(全県巡回完成),1955年2月4号車と,続々と増車された(『千葉県移動図書館ひかり二十年史』千葉県立中央図書館,1970)。「ひかり号」の活躍は,CIE映画『格子なき図書館』(1950年)で紹介されるなど全国的な反響を呼び,移動図書館を導入する都道府県立図書館が相次いだ。廿日出は戦後図書館改革の旗手となったのである。

「ひかり号」の影

ところがこの「ひかり号」の資料を利用するには,5円の貸出料が必要であった(「千葉県訪問図書館閲覧規定」)。1951年4月に「千葉県訪問図書館ひかり友の会」が創設されると,「友の会」会費として徴収が続いた(「千葉県訪問図書館ひかり号友の会則」)。

1951年度の業務監査でその問題性が指摘されたが，廿日出は「学校における PTA の如きものである」と弁じ，1952年度から会費を年額制に改めて徴収を継続する（年額30円，1954年度50円に増額）。会費の徴収は，廿日出退職後の1961年に再びその違法性が指摘されるまで続いた。

　廿日出はもちろん，図書館法の規定を知らなかったのではない。彼は立法の過程から図書館法にかかわり，同法を知り尽くしていた。そのうえでこの法律を遵守しなかったのである。彼にとって図書館法は「守るに価しない」ものであった。

　周知のように，図書館法はキーニー（P. O. Keeney）ら米国側の関係者と，中田邦造や廿日出など日本側の関係者の共同作業によってつくられていった。1949年12月，廿日出は図書館法委員会の議長になり，法案の最終的なとりまとめを担った。義務設置や中央図書館制度を求める廿日出ら日本側の提案に対し，バーネットは「民主主義とはそういうものではない」と退ける（「守りぬくに価するもの，図書館法：制定当時の苦心を語る」『図書館雑誌』65巻7号，1971.7）。「宗旨がえ」をさせられた廿日出は，敗戦国の悲哀を痛感したであろう。

図書館法改正運動と廿日出

　1951年9月，サンフランシスコ講和条約が調印され，翌年4月日本の独立が回復した。図書館法の内容に不満をもつ人々は，さっそく法の改正運動を始める。1953年3月の『図書館雑誌』で「図書館法改正について」が提起され，廿日出も「水は流れつゝ不断，その水は常に同じではない。現行図書館法も一度公布されても，永久不変の自然法では決してない，時代の進運に伴い，更新改正を施すべきである」と改正

を主張する（「図書館法は改正すべきか？」『図書館雑誌』47巻3号，1953.3）。彼はこの文章で，11の改正すべき点を指摘しているが，とくに「義務設置と中央図書館制」に執着していたと思われる（「公共図書館昭和三十年の回顧：一九五六年のために」『図書館雑誌』49巻12号，1955.12）。

1955年5月，廿日出はJLAの公共図書館部会長に就任，翌56年3月に設置された図書館法改正委員会の委員長となり，今度は「図書館法改正草案」（以下「草案」）の取りまとめにあたった。1957年11月に発表された「草案」には，義務設置や中央図書館制が盛り込まれた。しかしこの「草案」には批判が集中し，廿日出らの宿願である図書館法改正は実現しなかった。

手痛い敗戦の経験から，あるいは戦後の「図書館の中立性論争」のなかから，人々の考え方に変化が生じていた。たしかに図書館法に不満はあるけれども，「改正図書館令」の時代には戻りたくない。そう考える図書館人が，多数を占めるようになっていた（なお，図書館法改正運動については，8章をも参照のこと）。「草案」は葬り去られ，図書館法は「守りぬくに価するもの」に変わった。図書館法とともに歩むことになった公共図書館界に，廿日出はもはや未練はなかったのだろう。彼は再び転身を遂げ，1959年6月，国立国会図書館（NDL）連絡部長に就任する。廿日出からすると，およそ四半世紀ぶりの「古巣復帰」であった。

「春秋会事件」余聞

このころNDLは，外郭団体・春秋会の運営などをめぐって，衆議院議員運営委員会図書館運営小委員会で「不正」が取り

ざたされ，揺れ動いていた。春秋会は，NDLの一般向けPR誌『読書春秋』(1950年4月創刊)の発行母体として設立されたが，その後『収書通報』(『日本全国書誌』の前身)の販売を担当するなど，次第にNDL関連業務の請け負いを増やしていた。結局，指摘されたような「疑惑」はなかったものの，NDL運営の改善や人事の刷新などが要求され，館長の金森徳次郎は1959年5月に辞任，6月に死去した。いわゆる「春秋会事件」である(鈴木宏宗「国立国会図書館長としての金森徳次郎」『図書館文化史研究』21号，2004.9)。

前記小委員会ではじめてこの問題がとりあげられたのは1958年10月3日であるが，その前日にNDL副館長中根秀雄が死去した。廿日出は当初，中根の後任の副館長候補にあげられていた。廿日出を推挙したのは，千葉県選出のある国会議員で，廿日出はその選挙に「陰にも陽にも」かかわっていた。しかし参議院図書館委員の面接の結果，「副館長の器に非らず」とされた。その後，衆議院からNDLに対して廿日出の部長任命が要請され，その連絡部長就任が実現した(枝吉勇著『調査屋流転』枝吉勇，1981)。

春秋会事件には二つの背景が存在するようだ。まず，日本国憲法の内容に不満をもち改憲を志向する一部の政治家が，憲法の制定に尽力した金森の追い落としを画策していた。そして開館から10年を経て沈滞感の漂うNDLの内外で，金森の経営手腕に疑念をもつ人たちがいた。

「不満分子の私語」が増幅されて事件がつくり上げられ，憲法の守り手がこの国から一人消え去った。NDLは金森退任からおよそ2年間，館長不在の時期が続き，その後館長職は，衆議院事務総長経験者の指定席となった。

(3) 戦後の終わりに：叶沢清介

乙部の後任として

「殿(しんがり)備え」という言葉がある。退軍の際最後尾を務めることをいう。労多くして功少ない役回りである。叶沢清介という人物は，今となってはあまり注目されることもない「過去の人」であるが，ある意味この国の図書館の「戦後の終わり」を象徴する人物ともいえる。

乙部泉三郎が長野県教育委員選挙に挑み，支持を訴え町中を自転車で駆けずり回っていたころ，県当局はその後任選びを急いでいたと思われる。乙部は 1929 年の県立長野図書館開館時に着任して以来，とくに 1932 年からは館長として，よくも悪くも熱心に県下の図書館を指導してきた。したがって乙部の「後始末」を託する人物を探すというこの人事は，難航したとみて間違いなかろう。

そして新時代の県立図書館経営を担う人材として選任されたのが，叶沢である。叶沢は，文部省図書館講習所の第 8 期生。長野図書館の創設期に司書として乙部の下で勤務し，その基礎を築いた。その後は栃木県教育会図書館などを経て，当時は文部省に勤めていた。

館長に就任した叶沢は，図書館とは何か，県立図書館は何をすべきかを問い続ける毎日であった。長野図書館と県内図書館の再興に心血を注ぎ，体系的な図書館網の構築をめざした。1950 年 12 月，県内公共図書館，学校図書館，公民館図書室などが一体となった長野県図書館協会が組織された（長野県図書館協会編『長野県図書館協会四十年史』長野県図書館協会，1991）。

PTA母親文庫

さて,叶沢の第1の業績として,PTA母親文庫があげられる。しかしこの事業は,彼が県立図書館の事業として,周到に計画したうえで実施したものではなく,偶然の産物ともいえる。

まずこの事業は母親たちの要望から端を発していた。PTA母親文庫は,1950年9月,信州大学長野師範学校長野附属小学校(信州大学教育学部附属長野小学校)に始まるが,当時同校には叶沢の子どもが在学しており,彼はPTAの教養部長であった。彼は教養部の母親たちから県立図書館の図書の貸出を求められたが,当初「全県民のための図書館」であることから難色を示した。しかし母親たちからの強い要請を受けて,同校PTAへの団体貸出が実施されたのである(「PTA母親文庫の生い立ちと歴史:上伊那との関連で」『図書館,そしてPTA母親文庫』日本図書館協会,1990)。

しかも叶沢は「母親の半数を参加すれば大成功だと予想していた」のだが,実際には大半の母親が参加し,学校全体の運動に展開した(「私の体験した不読書層開拓運動」『出版研究』17号,1987.3)。予想外の成功を収めた理由としては,同校が戦前からの歴史をもつ師範学校の「実験校」であり,教職員,保護者の理解と協力が得やすい環境にあったことがあげられる。さらに,当時は敗戦後の教育改革への意欲が満ちあふれていた時期であり,保護者,教職員がこうした新しい取り組みに情熱をもって参加したからと思われる。

同校での事業は,翌年附属中学校,さらに他の小・中学校へと広がるが,これも図書館側が主体的に仕掛けたのではない。しかし「県立図書館はもともと,全県民にサービスすべ

き責務を背負っているのだから、これに応ぜざるを得ない。」PTA母親文庫は、学校関係者や母親たちの声に押されて拡大していった。

長野県は、戦前から青年会（処女会）活動の一環として、図書館や文庫活動が活発であった。こうした土壌と戦後の「女性のめざめ」が相乗して、PTA母親文庫は一時期大いに盛り上がることになる。PTA母親文庫はさらに県外へも広がり、あるいは鹿児島県立図書館の「親子20分間読書運動」などの同種の読書運動が派生し、1950年代から60年代前半の読書運動隆盛期を生み出すきっかけとなった（叶沢清介『読書運動』日本図書館協会, 1974）。

叶沢はPTA母親文庫の創出者ではない。しかし、それは県立図書館のあり方を模索していた彼にとって、館内閲覧中心の考えを打破し、「一県の図書館体系の中に生きた県立図書館」を実現する絶好の事業に映った（「長野県図書館体系の確立と県立図書館の性格」『長野県図書館協会報』3号, 1952.5）。そこでこの事業の育成に全力を傾けた。こうした叶沢の理論と実践に強く共感したのが有山崧であり、やがて二人の間に親交が生まれる（「有山崧と私」『図書館、そしてPTA母親文庫』）。

有山の後任として

1965年日野市長選挙に立候補、当選した有山は、9月日本図書館協会事務局長在任のまま日野市長となった。だが二つの公職の兼任には無理があった。結局有山は事務局長を辞任することになり、1965年11月長野図書館を退職した叶沢は、翌1966年4月、有山の後任として事務局長に就く。

有山は1948年6月、衛藤利夫の後をついで事務局長とな

りおよそ18年間，JLAを，日本の図書館を支えた。しかし彼の手法に対しては，「有山商会」などの陰口もあった。日野市長就任をきっかけに，彼に対する批判が噴出した。有山にとっては無念の降板であったろう。叶沢からすると，乙部の「後始末」に続いて，有山の「後始末」となる。

叶沢は1978年3月までの12年間，事務局長を務めた。その在任期間は，図書館界の激動の時代に重なっている。PTA母親文庫などの読書運動は，若い図書館員たちから「読め読め運動」「読書のおしうり」などと批判され（『業務報告　昭和40・41年度』日野市立図書館，1967），後見役ともいうべき有山は1969年3月に早世し，苦労に苦労を重ねた12年であった。

当時の図書館界の出来事一つ一つに，叶沢がどの程度関与していたかを検証することはむずかしい。同じころJLAにいた菅原峻は，叶沢の事務局長時代の功績として，公共図書館振興プロジェクトを推進して『市民の図書館』を世に送ったことと，図書館会館の建設をあげている（「助言者という選択」『ず・ぼん』6号，1999.12）。ここでは，日本図書館協会会館建設の経緯をとりあげる（「図書館会館建設手記」『図書館，そしてPTA母親文庫』）。

日本図書館協会会館建設問題

この会館の建設の陰には，八谷政行という人物が重要な役割を演じているようだ。この八谷という人物については，叶沢は手記で「どういう経歴の人か知らない」としているが，人物往来社（現在の新人物往来社の前身）の創業者・八谷政行のことと思われる。「八谷じいさん」，「八谷おじいちゃん」といえば，政治家の指南役を務めるなど，政官財界では知る

人ぞ知る存在であったようだ。叶沢の手記にも電話一本で大蔵省の高級官僚を呼び寄せる様子が出てくる。

この八谷が発起人となって，1969年『大日本貨幣史』が復刻された。八谷は文部省を通じて，この復刻版『大日本貨幣史』の「周知普及」についてJLAに協力を依頼した。そしてJLAが「全国の図書館への周知普及に協力」したことが契機となって，大蔵省関東財務局の好意で国有地の譲渡が実現した。

さらに建設資金を調達するために，大蔵省から「指定寄付」の認可を得ることになるが，叶沢らは大蔵省出身の代議士・宮沢喜一（後に総理大臣）を訪ね，大蔵省主計局，主税局の「理解」を得て，この制度を利用する。叶沢は言及しないが，八谷の手引だろう。前例のない指定寄付の期限延長も，「八谷おじいちゃんにここでも動いてもらい」実現した。

財界からの寄付集めについては，経団連の花村二八郎専務理事に相談している。財界の金庫番とよばれた花村を紹介したのは，かつて八谷に電話で呼びつけられた大蔵省の幹部級職員であった。

叶沢や，JLA森戸辰男会長，斎藤敏理事長などの奔走によって，1973年4月，東京・世田谷区太子堂に宿願の会館が竣工した。それはJLAの「戦後の終わり」と，新たな時代の始まりを象徴しているように思われる。しかし1998年10月，JLAはその虎の子の財産というべき太子堂の会館を処分して，中央区新川に新会館を建設，移転した。太子堂の時代は，意外なほど短命に終わった。

本章では，戦争へと向かう道で，あるいは戦争のさなかに，

そして戦争の後に,図書館人たちが何を考え,どのような態度で臨んだのかを考察した。もちろん,ここでとりあげたのは,ほんのひと握りの人物であり,もっと多くの人間が図書館とかかわっていた。本章に記したことだけが,歴史のすべてではない。

敗戦後のかれらの身の処し方はさまざまであった。図書館界から身を引いた者,その復興に全身全霊を捧げた者,また戦前への回帰を夢見た者。

言うまでもないが,本章の目的は,現代の高みからかれらをあげつらうことではない。図書館の戦後が,それ以前と分かちがたく結びつき,その歴史を十分に咀嚼する間もなく戦後が始まったことを論じたにすぎない。戦後この国の図書館が,戦前を具体的にどのように克服し,今日へと至ったかについては,本シリーズ5において詳述される。

参考文献
石井敦『日本近代公共図書館史の研究』日本図書館協会,1972
清水正三編『戦争と図書館』白石書店,1977
衛藤利夫[著],丸山泰通・田中隆子編『衛藤利夫』日本図書館協会,1980(個人別図書館論選集)
廿日出逸暁『図書館活動の拡張とその背景:私の図書館生活50年』図書館生活50年記念刊行会,1981
石井敦編『図書館を育てた人々　日本編　Ⅰ』日本図書館協会,1983
衛藤利夫『韃靼:東北アジアの歴史と文献』地久館出版,1984
有山崧[著],前川恒雄編『有山崧』日本図書館協会,1990
日本図書館協会編『近代日本図書館の歩み　地方篇』日本図書館協会,1992
日本図書館協会編『近代日本図書館の歩み　本篇』日本図書館協会,1993

学習・研究ガイド 1

現場で働く若い図書館員や学生に向けて

　図書館がどのようにしてつくられてきたのか，そして利用者のためにいかなるサービスが行われてきたのか，運動が展開されてきたのかなどを知るには，まずは，図書館の本質を学ぶことが大切です。近代の図書館を考えるための代表的な図書（など）を以下にあげておきます。なお，前近代については，各章末に掲げた参考文献を参照してください。

石井敦『日本近代公共図書館史の研究』日本図書館協会，1972
　石井氏は，図書館の現場にあって，サービスの必然性を歴史に求めるところから歴史研究をはじめた，と思われます。それだけに佐野友三郎を歴史のなかから発掘する行為も「今後，働く図書館員の役に立つ図書館史」（「あとがき」）の一環であったのかもしれません。同氏の図書館史研究に関連する一連の基礎的な作業の蓄積も重要です。本書にも，詳細な「年表」「文献目録」が収められ，後進の学徒を導きました。

小川剛『日本近代教育百年史』7，8巻（社会教育1，2）　国立教育研究所，1974　所収の図書館史に関する論文
　本書は，日本近代教育の百年にわたる全10巻の通史です。

そのなかの 2 冊が社会教育に割り当てられ,小川氏は,そのうち明治期から 1950 年代の図書館の歴史を分担執筆されました。いずれも豊富な資料と精緻な分析力をもって構成されています。はじめての本格的な通史といえます。単行本という形態はとられていませんが,著者の労作『図書館法成立史資料』(日本図書館協会, 1979) とともに,基本的な文献です。

永末十四雄『日本公共図書館の形成』日本図書館協会, 1984

炭鉱の街,福岡県田川市で図書館員としての日々を送るなか,著者は中小図書館の存立意義を考え続けてきました。図書館法公布の年に図書館員となり,わが国の公共図書館が現代にあってもなお,戦前からの構造的な問題に向き合わざるを得ないことを心に留め,そのことをテーマに研究を続けました。町村図書館についての論考も多く,著者に常に草の根の図書館運動が視野のなかにあったことをうかがわせます。

石井敦編『図書館を育てた人々　日本編　Ⅰ』日本図書館協会, 1983

図書館の発展に貢献した人で,主として戦前に活躍した人,ただし(執筆時における)現存者は除く,との基準によって選定された図書館人 18 名の人間像がコンパクトにまとめられています。本書刊行後 20 年を経過しやや古くなりましたが,図書館人の人物研究があまりさかんでないこともあり,基本的なことを確認するときなど,依然として重宝しています。

是枝英子『知恵の木を育てる：信州上郷図書館物語』大月書店，1983

　大正デモクラシー期，長野県下伊那郡上郷に青年たちによってつくられた図書館について，物語風に叙述したものです。当時の図書館づくりに携わった人々への聞き書きをもとに，民主的な社会を求める青年たちの姿が克明に描かれています。民衆のための図書館は天皇制のもとで言論，出版の自由を奪われますが，図書館に集う青年たちはそこに自由な読書の場を実現します。

永嶺重敏『雑誌と読者の近代』日本エディタースクール出版部，1997

　近代日本社会に新しい活字メディアとして雑誌が登場しました。その雑誌が当時どのような読者にどのように読まれたのか，本書はその受容過程に光を当てたものです。『太陽』『中央公論』『キング』などの読者の形成は，図書館の利用者の成立を知る上で参考になることが少なくありません。同じ著者で『モダン都市の読書空間』(2001)，『〈読書国民〉の誕生』(2004，いずれも同上出版社)などがあります。

日本図書館文化史研究会

　1982年図書館史研究会として発足，1995年に日本図書館文化史研究会と改称されました。図書館の歴史および図書館にかかわる文化史について研究，報告し，語りあう会で，唯一の図書館史の研究団体です。年に1回の総会・研究大会，その他に3回の例会が定期的に開催されています。機関誌『図書館文化史研究』（年刊，日外アソシエーツ）。

> チョット
> ひとやすみ

コラム

地域における基礎研究の充実を!

　藤島隆『北海道図書館史新聞資料集成:明治・大正期』(北海道出版企画センター, 2003)には, 北海道内の図書館とその周辺に関する明治・大正期から昭和の一時期までの新聞記事が収録されています。新しく版が組まれ, 巻末には詳細な索引も整備されています。図書館史に関して, 一地域に関する図書館関係の新聞記事が編成されたものとしてはおそらくはじめてのものだと思われます。

　例えば1921年の記事。「図書館に就て」という連載記事があります。県立山口図書館, 東京市立日比谷図書館, さらには欧米の図書館の様子が伝えられます。地域の図書館に関しては, 小樽図書館が新館開館が間近と報じられ, 新聞雑誌室へは下足で入室ができ, 閲覧の手続きも簡易なものとされ, 全面開架を視野に入れたサービスが紹介されています。東京市立図書館から小樽へ渡った司書によって運営がなされていることも知ることができます。

　新聞記事の再生には大変な作業を伴いますが, こうした資料の発掘・蓄積・編集によって, 地域にかつてあった図書館や読書文化を再構築することが可能になります。地域からの情報発信はこのようにして可能だということを実感させられる1冊です。

あとがき

「まえがき」では，本書を読んでいただくために，執筆の意図などを記しましたので，ここではこの本ができあがるまでの経緯について述べることにします。

本書は，当初「図書館員選書」の1冊に「図書館の歴史　日本編」と題して刊行される予定でした。この本の執筆にあたり，独立した章を各論のようにおいて，それぞれの章を執筆者が思い思いに描いたらどうかと考えました。それは通史という記述の形式をとることによって，書くべきことを制約されるとの思いから逃れたかったからです。もうひとつは，現場で働く若い図書館員や図書館のことを学ぼうという学生の方がこの本を手にしたとき，ある時代の出来事やいずれかのテーマに関心をもつことができるなら，図書館の歴史にも親しみを感じていただけるのではないか，という期待を込めてでした。

以来，課題としたことは，第1に，古代，中世，近世を経て近代，そして現代の図書館にいたる大きな流れを概観しつつ，それぞれの時代の特色をどう描きうるのか。また，変革期における時代の断絶と連続をどのように考えたらよいのか。第2には，それぞれの時代に図書館員が果たした役割はいかなるものであったのか。そのなかでこれまでにどのようなサービスが模索されてきたのか。そして，第3，住民が図書館づくりにどのようにかかわってきたのか，などでした。

今年に入り，原稿のかたちができあがった段階で，出版委員会の

お勧めによりこのシリーズに加えていただくことになりました。本シリーズの異色の1冊になるのでは，という懸念を抱きつつ，お言葉に甘えることにしました。その際に，現在のようにタイトルを変更し，編集上の調整，大幅な加筆修正を行いました。それは十分とはいえぬまでも通史的な体裁を整え，各章間で重複する内容を整理して，さらには現代の課題にまで言及することでした（当初の予定では，1970年代まで）。その過程でさらに原稿がふくらみ，予定の分量を大幅に上回る，という思わぬ事態になりました。

と，いうようなわけで本書の書名と内容との間に何らかの違和感をもたれた読者がいらしたなら，このような執筆の過程をどこかで感じられたのではないかと思われます。

冒頭に述べたとおり，本書はもともとは「図書館員選書」としてスタートしました。企画当初の著者は石井敦氏と小川徹でした。それがもう随分も前のこと，石井氏から奥泉がバトンを受け，これに小黒が加わりました。以来，編集方針や執筆などに思わぬ時間を要することになり，石井氏をはじめ出版委員会委員のみなさまにはご迷惑をおかけしました。

本書の原稿を進めるにあたり，多くの方々にご協力をいただきました。なかでも大澤正雄さん，川島恭子さん，松岡要さんには貴重な時間を割いていただきました。お礼を申し上げます。また，館名を記しませんが，各地の図書館では資料を利用させていただき，多くのことを学ばせていただきました。最後になりましたが，章立てから表現の細部にわたり気を配り，書物としての体裁を整えていただいたうえ，今日まで，きまぐれな執筆者を叱咤激励し，完成まで漕ぎ着ける原動力となった，編集の内池有里さんにお礼を申し上げます。

奥泉　和久

公共図書館サービス・運動の歴史 年表その1

<凡例>
　この年表は，古代から近世にいたるまでの図書館や図書の流通などに関する事柄と近代以降における図書館サービスや運動について概観するため，主要事項を収録したものである。明治期以降は，サービス・運動などの変遷を中心に記し，館界における先駆的，特徴的な活動を記した。1871～72年の月日については，旧暦のまま表記した。

● **弥生・古墳・飛鳥時代**　文字の受容・習得の時代
1世紀中頃　金印「漢倭奴国王」，福岡県，博多湾志賀島で発見
2世紀　邪馬台国，大陸の王朝との間で文書の交換
2～3世紀　いくつかの遺跡で文字のある土器発掘
5～6世紀　埼玉県稲荷山古墳出土鉄剣（471?），熊本県江田船山古墳出土鉄剣，和歌山県隅田八幡神社伝人物画像鏡（503?）
7世紀　飛鳥の地に？　書屋，最初の図書館（通説は推古朝，しかし天武朝か？）
7世紀後半　地方の遺跡から論語・文選学習を物語る木簡発掘

● **奈良時代**
中央政府機関，中務省に図書寮がおかれる
東大寺の造東大寺司写経所，経典の情報センター
〔正倉院所蔵757（天平宝字元）年閏8月付の木簡，代本板か〕
太宰府に書殿あり，太宰府の図書館と考えられる
奈良時代末期，石上宅嗣が芸亭を開設

● **平安時代**
1143年（康治2）　　藤原頼長，文庫造る，防火に万全を期した

1146年(久安2)　京都大火,この頃大火頻々,多くの典籍焼失
〔名古屋,七ツ寺一切経唐櫃蓋に1178(治承2)年付の経典利用規則みえる〕

●鎌倉・室町時代
1270年代後半?　　金沢文庫設立
1439年(永亨11)　足利学校,再興(その創設期,不詳)
〔応仁の乱,多くの公卿らの文庫焼失〕
〔京都の町なかの本屋が『洛中洛外図』にみられる〕

●江戸時代
1602年(慶長7)　　江戸城に文庫設立
1616年(元和2)　　家康の死,駿河文庫の図書,御三家(水戸・尾張・紀伊)に分与
1644年(正保元)　　江戸,浅草で板坂卜斎,浅草文庫公開
1648年(慶安元)　　伊勢神宮,外宮に宮崎文庫設立
1684年(貞亨元)　　出版取締令
1686年(貞亨3)　　伊勢神宮,内宮に林崎文庫設立
1698年(元禄11)　出版取締令,再び
〔元禄期,顧客をまわる貸本屋がみられる〕
1720年(享保5)　　キリスト教以外の洋書輸入解禁
1722年(享保7)　　出版物取締り,異説・好色本,徳川家関係図書板行を禁止,新板物の作者・板元の実名明記を命ずる
1723年(享保8)　　大坂住吉大社に文庫,本屋が図書を寄贈,公開
1767年(明和4)　　貸本屋大惣,創業
1784年(天明4)　　飛騨高山の私塾雲橋社,蔵書を公開
1790年(寛政2)　　寛政異学の禁,出版取締令厳しくなる
〔寛政のころから,江戸の出版活動,関西(京都・大坂)をしのぐ〕
1818年(文政元)　　筑前国博多櫛田神社に櫛田文庫設立
1825年(文政8)　　筑前国桜井村桜井神社に桜井文庫設立
〔文化文政のころ,貸本屋,江戸800軒,大坂300軒ほど〕
1831年(天保2)　　仙台に青柳館文庫設立
1848年(嘉永元)　　豊橋に羽田八幡宮文庫設立

1854 年（嘉永 7）　　伊勢射和村（現，松阪市）に射和文庫設立
1856 年（安政 3）　　水戸藩大子村に郷校，整備された文庫
1862 年（文久 5）　　盛岡藩二戸郡の呑香稲荷神社稲荷文庫設立
1866 年（慶應 2）　　福沢諭吉『西洋事情』（初編）刊

● 近代以降
1871 年（明治 4）
　8.-　京都の書肆大黒屋太郎右衛門，書籍会社（貸本業）開業
1872 年（明治 5）
　4.25　京都の書肆村上勘兵衛らが集書会社を設立（5.- 開業）　→　1873.5.15 集書院
　4.28　文部省，博物局所管の下に書籍館設立（湯島旧大学講堂を仮館として 8.1 開館，有料公開）
　5.-　市川清流，書籍院建設の建白書を『新聞雑誌』に公表
　6.13　東京，京橋の書肆近江屋半七（後の吉川弘文館），「和漢書西洋飜訳来読貸覧所」開業の届け
　9.-　この頃，横浜に新聞縦覧館，西洋各国の新聞（無料）
　11.-　この頃，東京浅草の新聞茶屋，新聞を置き見料を取る
1873 年（明治 6）
　5.15　京都府，集書院を開院（集書会社の出願により府はその事務経営を会社に委託，有料）　→　1882.3 廃止
　12.-　文部省『理事功程』刊（～巻之 6，1875.5）
　12.-　この頃，静岡県下富士郡大宮町で開化講，新聞，翻訳書類を置く
1875 年（明治 8）
　4. 8　書籍館，東京書籍館と改称（湯島大成殿を仮館とし 5.17 開館，1885.10 まで無料公開）
1876 年（明治 9）
　3.25　大阪府，府費支弁で 2 書籍館（大阪府書籍館）開館（3.17 設置，11.27 移転合併）　→　1888.2 廃館
　7. 1　東京書籍館，夜間開館開始（午後 10 時まで）
1877 年（明治 10）
　1.-　文部省『米国百年期博覧会教育報告』刊

2. 4　東京書籍館廃止
5. 4　文部省所管の東京書籍館，東京府へ移管，東京府書籍館と改称 5.5 開館（無料）
12.-　文部大輔田中不二麻呂「公立書籍館ノ設立ヲ要ス」を『文部省第 4 年報』に発表

1878 年（明治 11）
10.-　文部省『米国学校法』刊
10.-　久米邦武編『特命全権大使米欧回覧実記』刊（博聞社）

1879 年（明治 12）
10.26　（東京）京橋区に小野梓ら共存同衆，共存文庫を落成

1880 年（明治 13）
3.13　文部大輔田中不二麻呂，司法卿に転出
5.-　（長野）松本農事会設立，農事会試験場「書籍縦覧規則」
7. 1　東京府書籍館，文部省所轄に復し東京図書館と改称 7.8 開館（無料）

1881 年（明治 14）
8.29　茨城県，「教員集会規定」「教員集会場書籍取扱概則」
-.-　（東京）西多摩郡五日町の深沢家において法律書，新聞・雑誌などを自由民権結社社員に公開

1882 年（明治 15）
12. 5　文部省，地方学務官（府県学務課長や学校長）を召集して教育施設に関する注意，書籍館に及ぶ（示諭事項）

1885 年（明治 18）
6. 2　東京図書館，東京教育博物館と合併，9.18 上野へ移転，10.2 開館（無料公開制から有料に転じる）

1887 年（明治 20）
3.21　大日本教育会，神田一ツ橋に附属書籍館開館，10.- 小学生図書閲覧規則を定める　→　1896.12 帝国教育会

1888 年（明治 21）
1. 6　大日本教育会附属書籍館，夜間開館実施
4.-　鄭永慶,上野西黒門町に可否茶館を開店（室内に内外の新聞，雑誌を置く）
7. 6　東京図書館規則改正（はじめて年齢制限を設け，入館資格を

　　　　15 歳以上とする）
　　8. 3　田中稲城，文部省より図書館に関する学術修業のため米英に留学（〜1890.3.11）
1889 年（明治 22）
　　3. 2　東京図書館官制公布（勅令第 21 号），東京教育博物館と分離
　　3.25　文部省，東京図書館を参考図書館に，大日本教育会附属書籍館を普通図書館とする旨を同教育会に諭旨
1890 年（明治 23）
　　3.24　帝国大学文科大学教授田中稲城，東京図書館館長を兼任（1893.9〜東京図書館館長専任）
　　12. 1　京都府教育会図書館開館　→　1898.6.21 府立
1891 年（明治 24）
　　7.27　東京図書館官制改正公布（勅令第 138 号）（職名に「司書」をはじめて規定）
1892 年（明治 25）
　　3.26　日本文庫協会創立，第 1 回例会を開き，発会式　→　1908.3.29 日本図書館協会（JLA）
　　12.10　西村竹間『図書館管理法』刊（金港堂書籍）
1893 年（明治 26）
　　9.30　日本文庫協会，「和漢図書目録編纂規則」（太田為三郎案）を審議決定し，印刷頒布
1894 年（明治 27）
　　12.-　大日本教育会附属書籍館，「館外図書貸出」を開始
1896 年（明治 29）
　　2.13　重野安繹，外山正一，「帝国図書館ヲ設立スルノ建議」案を貴族院（第 9 回帝国議会）に提出
　　3.25　鈴木充実ほか 3 名，「帝国図書館設立ノ建議案」を衆議院（第 9 回帝国議会）に提出
1897 年（明治 30）
　　2.26　外山正一，「公立図書館費国庫補助法」案を貴族院（第 10 回帝国議会）に提出，特別委員付託となる
　　4.27　帝国図書館官制（勅令第 110 号）（東京図書館官制廃止），「帝国図書館長司書長及司書任用ノ件」公布（勅令第 114 号），

田中稲城,帝国図書館初代館長に就任(~1921.11.29)

1898年 (明治31)
- 5.14 日本文庫協会春季例会,図書館従事者合同懇話大会を開催(全国図書館大会の起源)
- 6.21 京都府立図書館開館式(4.1設立,有料) ← 1890.12.1京都府教育会

1899年 (明治32)
- 11. 1 秋田県立秋田図書館開館(4.14設立)
- 11.11 図書館令公布(勅令第429号)

1900年 (明治33)
- 1. 5 関西文庫協会設立(2.4発会式)
- 4. 1 佐野友三郎,県立秋田図書館長に就任(~1903.2.21)
- 5.19 日本文庫協会春季例会,初代会長に田中稲城を選任
- 7.26 文部省(田中稲城)『図書館管理法』刊(金港堂書籍)
- 10.- 帝国図書館で「問答板」により閲覧者同士が質問,回答しあうとの記事(深見洗鱗『風俗画報』218号)

1901年 (明治34)
- 4.- 関西文庫協会『東壁』創刊(~4号)
- 5.16 県立秋田図書館,夜間閲覧開始(午後10時まで)

1902年 (明治35)
- 2. 1 (千葉)成田山新勝寺貫首石川照勤,成田図書館開館,2.2一般閲覧開始(無料,1901.1.11設立) → 1988.3(財)成田山仏教図書館
- 4.12 南葵文庫開庫式(1908.10公開式)
- 6.15 (東京)大橋図書館開館(満12歳以上に閲覧を許す)
- 10.23 県立秋田図書館,「図書館経営」『官報』(第5792号)
- 10.25 県立秋田図書館,4郡立図書館に巡回文庫開始

1903年 (明治36)
- 3. 3 佐野友三郎,山口県立山口図書館長に就任(~1920.5.13)
- 7. 6 山口県立山口図書館開館(1902.12.23設立,児童閲覧室を置き400冊を自由開架式閲覧とする)
- 8. 1 日本文庫協会,第1回図書館事項講習会開催(東京・~8.14)
- 10. 6 京都府立図書館,巡回図書館制度を設ける

10.27　県立山口図書館，夜間開館開始（午後9時まで）
12.-　宮城書籍館，男子児童閲覧室を開設

1904年（明治37）

1.23　県立山口図書館，「巡回書庫」回付開始
2.25　大阪図書館開館式，3.1一般公開（1903.3.28設立）　→　1906.12大阪府立（改称）
4.1　大阪図書館，夜間開館開始（午後10時まで）
4.1　湯浅吉郎，京都府立図書館館長に就任（～1916.5）
10.-　京都府立図書館，書目分類の変更（十進分類表）に着手（～1906.3）

1905年（明治38）

4.15　京都府立図書館，児童閲覧室を設け無料公開
4.-　京都に私立修道児童文庫設立

1906年（明治39）

3.20　帝国図書館開館式　3.23開館
3.20　日本文庫協会，第1回全国図書館（員）大会を開催（東京・～3.22）
9.6　山縣十五雄，『万朝報』に「日本現時の盲人社会」（盲人図書館の必要に言及）
10.7　竹貫直人，自宅に私立少年図書館を設立　→　後年，日比谷図書館に寄付
10.9　図書館令改正（勅令第274号）（公立図書館への司書の配置を規定）
12.14　「図書館ニ関スル規程」公布（文部省令第19号）

1907年（明治40）

4.-　県立山口図書館，2540冊の図書で公開書架実施（硝子戸付書函，1928年新館移転まで実施，1952.8再現）
10.1　（新潟）積善組合巡回文庫創設，1908.5.19私立図書館開申，6.17発送開始　→　1919.5.29積善組合解散
10.17　日本文庫協会『図書館雑誌』創刊
10.-　この頃，京都府立図書館，閲覧机上に「目隠」を立て，目録室には「鉄網張書架中」に新着図書を展示

1908 年（明治 41）
- 3.29 日本文庫協会春季総会，日本図書館協会（JLA）と改称
- 7.25 文部省が図書館事項夏期講習会を初めて開催（東京・～8.14）
- 11.16 東京市立日比谷図書館開館式，11.21 閲覧開始（1906.11.30 設立，有料，児童室を置き 8 歳以上の児童に閲覧を許す） → 1943.7.1 都立日比谷

1909 年（明治 42）
- 7. 1 県立山口図書館で十進分類法を採用（著者記号法）
- 9.27 東京市立深川図書館閲覧開始（1.25 設立），準開架式閲覧を採用
- 10. 1 山口県内図書館関係者大会開催，10.3 山口県図書館協会結成（1 県単位の図書館員の集まりとして初，～10.3）

1910 年（明治 43）
- 2. 3 文部大臣小松原英太郎，地方長官にあて「図書館施設ニ関スル訓令」を発す
- 3.- JLA,「和漢図書目録編纂概則」を『図書館雑誌』（8 号）に公表
- 6. 1 東京市立日比谷図書館，館外貸出開始
- 6.20 図書館令改正（勅令第 278 号）
- 6.30 図書館令施行規則公布（文部省令第 18 号）

1911 年（明治 44）
- 8.- 佐野友三郎『師範学校教程図書館管理要項』（米国教育会図書部特別報告）を翻訳，自費出版
- 10.27 文部省編『図書館書籍標準目録』刊
- 10.- 県立山口図書館，利用者に書庫に入る自由選択を許可（優待券，特別券保持者など）

1912 年（明治 45／大正元）
- 5.16 文部省『図書館管理法』（改訂版）刊（金港堂書籍）
- 5.- JLA,「図書館員養成所設置建議」趣旨書および同規則案を文部省に提出

1913 年（大正 2）
- 2.25 東京市立麻布図書館，安全開架式閲覧を採用（東京初）

8.-　　東京市立日比谷図書館,児童に館外貸出を実施
　9.-　　石川県立図書館,児童室にて週1回「ストーリー・アワー」を実施

1914年（大正3）
　12.25　今沢慈海,東京市立日比谷図書館館長に就任　→　1915.4.1 東京市立図書館館頭（～1931.3.29）

1915年（大正4）
　3.31　東京市立図書館処務規程改正（日比谷を中央図書館とする図書館体制が確立）
　3.-　　県立山口図書館「通俗図書館の経営」（『山口県立山口図書館報告』第20）
　4.-　　東京市立日比谷図書館,児童閲覧を無料化,印刷目録カードを作成し各館に配布
　5. 8　佐野友三郎,米国図書館事情取調のため渡米（～9.7）
　5.-　　東京市立図書館同盟貸附開始（相互貸借制度）
　8. 1　JLA,『図書館小識』（10.23刊）を府県知事などに配布,府県知事にあて大礼記念図書館設立要請
　-.-　　東京市立日比谷図書館,「図書問答用箋」を置き,研究・調査の問い合わせに回答

1916年（大正5）
　3. 7　（山口）室積師範学校教諭市毛金太郎,「図書館管理法」を開講,3.-『図書館管理法講習要目』（謄写版）発行
　5. 3　この頃,東京市小石川の住人,点字図書を備え付けるよう交渉,9.-本郷図書館が点字図書約200冊を備える
　5.18　福岡県,「公立図書館補助ニ関スル件」公布（県通牒学第3525号）
　8. 1　JLA,第2回図書館事項講習会開催（東京・～8.14）

1917年（大正6）
　2.-　　この頃,京都府立図書館で質問応答規定を定める

1918年（大正7）
　6. 1　文部省,第1回全国府県立図書館長会議開催（東京・～6.3）
　10.30　JLA,恤兵調査委員会を置き,シベリア出征軍人慰問図書の募集を開始,12.-　1万冊余を送る

12.18 今沢慈海・竹貫直人『児童図書館の研究』刊(博文館)
12.24 臨時教育会議,通俗教育の改善に関し答申

1919年(大正8)
4.16 府県立図書館協議会開催,山口図書館十進法を標準分類として採用を決定(〜4.17)
4.- 岡山県立図書館,「図書館指導者」を置き,一般公衆並びに児童の質問・案内を開始
7.15 新潟県立図書館,盲人閲覧室を開室

1920年(大正9)
5.15 佐野友三郎『米国図書館事情』刊(文部省)

1921年(大正10)
3.10 間宮不二雄,大阪北区で独立営業(M.フヤセ商会) → 1922.8 間宮商店開業
4.1 東京市立日比谷図書館,新聞・雑誌の閲覧料を無料化
6.1 文部省図書館員教習所開設(東京美術学校構内) → 1925.4 文部省図書館講習所(1945.3.10閉鎖)
7.21 公立図書館職員令公布(勅令第336号)
10.- 東京市立図書館報『市立図書館と其事業』創刊 → 『東京市立図書館と其事業』(1928.7〜1939.3)
11.29 帝国図書館長田中稲城退官,松本喜一帝国図書館司書官を兼任,館長事務取扱に就任

1922年(大正11)
4.1 東京市立京橋図書館新築開館,開架式閲覧採用
10.- 東京市立深川図書館に図書館閲覧人の会設立

1923年(大正12)
1.11 帝国図書館長に松本喜一就任(〜1945.11.13)
5.9 公立図書館職員令改正(勅令第230号)
9.1 関東大震災により東大附属,大橋など多数の図書館焼燼,焼失図書約120万冊
9.4 東京市立日比谷,震災に関する案内および質問の受付開始,9.20閲覧再開
11.1 JLA,全国図書館週間を開始(以後毎秋実施,この年は震災のために関西以西地区で実施,〜11.6)

1924 年（大正 13）
- 11.20　岡山県立図書館内に岡山県図書相談所を設置
- 11.-　この頃から神戸市立図書館,「図書相談票」を置き,利用者の質問に答えた

1925 年（大正 14）
- 11.-　市立名古屋図書館,読書相談係設置

1926 年（大正 15／昭和元）
- 1. 9　文部省,図書認定規程公布（文部省令第 2 号）
- 6.15　大橋図書館復興開館（児童室は開架）　→　1996.10 三康図書館に蔵書を継承

1927 年（昭和 2）
- 2.-　文部省,紀元節（2.11）に優良図書館 24 館を選び,奨励金を交付
- 3.23　青木精一ほか 1 名,衆議院（第 52 回帝国議会）に「図書館普及ニ関スル建議案」を提出（3.25 採択）
- 11.15　青年図書館員聯盟設立,「宣言」を発表

1928 年（昭和 3）
- 1.-　青年図書館員聯盟『圕研究』創刊（季刊）
- 3. 2　文部次官,各地方長官にあて「御大礼記念事業勧奨ニ関スル件依命通牒」（発普第 28 号）を発する
- 4.15　JLA 年次総会,第 2 代理事長に松本喜一就任（～1939.8）
- 9. 6　東京市立深川図書館新築開館,有料化,安全開架閲覧を採用,下足のまま入館が可能に（東京市内で初）

1929 年（昭和 4）
- 7. 1　文部省官制改正公布（勅令第 217 号),社会教育局設置（図書館に関する事務,図書認定および推薦などを所掌）
- 8.25　森清編『日本十進分類法』刊（間宮商店）
- 11. 1　東京市立京橋図書館新築開館,安全開架式閲覧を採用,実業図書室を兼ねた参考部を設ける

1930 年（昭和 5）
- 8.10　加藤宗厚編『日本件名標目表』刊（間宮商店）
- 9. 1　文部省,図書推薦規程公布（文部省令第 22 号）

1931年（昭和6）
- 4. 1 東京市立図書館処務規程改正，市立全館が市教育局長の直接監督下に置かれる
- 4. 2 帝国図書館長松本喜一，御進講「図書館の使命」
- 5.27 公立図書館職員令改正（勅令第118号）
- 10. 6 帝国図書館主催全国道府県図書館長会議開催，10.7 中央図書館長協会設立（1943.5.19 解散）（～10.7）

1932年（昭和7）
- 4. 8 文部次官，各地方長官にあて「社会教育振興ニ関スル件」（発社第51号）を発す

1933年（昭和8）
- 4. 2 JLA，第1回図書館記念日実施
- 7. 1 図書館令改正（勅令第175号）および公立図書館職員令改正公布（勅令第176号）
- 7.26 図書館令施行規則公布（文部省令第14号）

1934年（昭和9）
- 1.25 福岡県，「図書館令施行細則」公布（県令第3号）（改正図書館令公布後最初の「細則」）
- 1.- 中田邦造と松尾友雄，『図書館雑誌』誌上で「附帯施設論争」（～4月号）
- 2.21 JLA，図書館社会教育調査委員会を設置
- 5. 2 文部次官通牒「図書館令及同施行規則並公立図書館職員令改正ニ付実施上ニ関スル注意事項」（発社第22号）を各地方長官あてに発す
- 5. 7 第1回中央図書館長会議開催（～5.8）

1935年（昭和10）
- 3. 7 JLA，第28回全国図書館大会決議による公共図書館費国庫補助法制定請願の件，貴・衆両院に請願書を提出，3.25 本会議で可決
- 10.15 岩橋武夫，大阪に日本ライトハウス開設，点字図書の出版，無料貸出などを行う

1936年（昭和11）
- 10.30 公立図書館司書検定試験規程公布（文部省令第18号）（1937.2.

22〜25，第1回試験）　→　1943.3.26 改正

1937年（昭和12）
- 4.- 『小学校国語読本』巻9第17に「図書館」の一課挿入
- 6. 5 JLA,「図書館社会教育調査委員会報告」を発表（『図書館雑誌』31-9掲載）
- 11.- 図書館週間行事の童話会，軍国童話会など戦時色濃厚に

1938年（昭和13）
- 3.31 文部省，中央図書館14館に対し奨励金500円を交付
- 11. 1 大橋図書館，図書予約閲覧の制度を設ける

1939年（昭和14）
- 6.- 文部省，児童読物の推薦を始める
- 7.12 「文部省推薦図書ノ周知徹底方ニ関スル件」（発社第233号），各地方庁へ社会教育局長通牒
- 9.21 浪江虔，南多摩郡鶴川村に私立南多摩農村図書館仮開館　→　1968.1 私立鶴川（1989.9 閉館）
- 11. 8 JLA，文部省の指示により従来の全国図書館週間を読書普及運動の名で実施（〜11.12）

1940年（昭和15）
- 1.15 中央図書館司書会結成
- 7.18 東京市，各図書館長にあて「左翼出版物ニ関スル件」通達
- 11.10 本間一夫，日本盲人図書館設立　→　1948.4 日本点字図書館

1941年（昭和16）
- 3.18 JLA,（全国図書館大会に代えて）第1回全国図書館綜合協議会を開催（東京・〜3.19）
- 11. 3 日本出版文化協会，第1回推薦図書を発表（以後毎月）

1942年（昭和17）
- 7. 2 新刊図書の公共図書館への優先配給実施を決定（新刊図書優先配給要綱），1943.2 配給を開始
- 9.25 文部省主催，読書会指導に関する研究協議会開催（金沢・〜9.27），JLA・文部省共編『読書会指導要綱』刊

1943年（昭和18）
- 3.10 青年図書館員聯盟編『日本目録規則"NCR"昭和17年(1942)』刊（間宮商店）

  3.28 公立図書館司書検定試験規程改正（文部省令第 14 号）

1944 年（昭和 19）
  4.30 JLA 臨時総会，(財)大日本図書館協会に改組することを議決
    → 1945.3.15 認可
  4.- 東京都立図書館 28 館中 13 館が休館
  7.16 青年図書館員聯盟解散
  9.- 『図書館雑誌』(38-5) 休刊 → 1946.6 復刊 (40-1)

1945 年（昭和 20）
  3.10 東京大空襲，都立両国，浅草，本所などの各館焼失
  3.13 大阪大空襲，大阪市立育英・今宮など各館焼失（〜3.14）
  3.- 都立日比谷図書館，民間重要図書の買い上げ，疎開開始
  5.25 空襲により日比谷，淀橋，麹町などの各館全焼
  8. 6 広島市に原爆投下，広島市立浅野図書館全焼
  8. 9 長崎市に原爆投下，県立長崎図書館本館庁舎罹災

事項索引

*本文中の事項，人名等を五十音順に配列しました。
*参照は「→」（を見よ）で表示しました。

【あ行】

青柳文庫 ·· 51
［秋田］県立秋田図書館 ······· 119,126
浅草文庫 ·· 50
有山崧 ························ 216,227,239-240
射和文庫 ·· 51
医書の家 ······································ 48-49
伊勢神宮の文庫 ································ 52
石上宅嗣 ··· 36
稲荷文庫 ··· 54
井上友一 ································· 109-110
今沢慈海 ······· 73,151-152,164,175,201
浦里図書館 ··························· 192-195
浦里村 ······································· 189-197
芸亭 ·· 36
閲覧 ·· 78-79
衛藤利夫 ··························· 212-217,225-229
大橋図書館 ······ 137-139,141,144-145,170
岡田温 ···································· 230-231
小谷誠一 ·· 155
乙部泉三郎 ······ 205-206,209-210,216,222-225,232,237

【か行】

開架 ··· 149-150
開館日・開館時間 ······················ 77-78
改正図書館令 ··· 182-187,196-197,204,206
偕楽園文庫 ······································· 60
貸本屋 ······························· 57-58,135
『学校及教師と図書館』 ················ 115
鼎村青年会 ···································· 178
金森徳次郎 ···································· 236
叶沢清介 ···························· 224,237-241
上郷青年会・図書館 ····· 175-176,209,219-221
上郷青年会図書館解放運動 ······ 220-221
紙の渡来 ·· 27
含翠堂 ·· 57
教育会図書館 ··················· 104-105,107
経蔵 ·· 31
櫛田文庫 ·· 53
久保七郎 ······························· 156-158
久米邦武 ·· 73
経済更生運動 ··················· 194-195

事項索引·········263

結社·····························54-55
郷学······························56-57
講集団·································45
公立書籍館·····················96-97
公立図書館費国庫補助法案·······107
国民読書運動························217
越村捨次郎·····················228-229
小松原訓令····················111-113
紺屋町文庫···························56

【さ行】

桜井文庫···························53-54
佐野友三郎·········88-89,95,118-132
寺社文庫·······························54
私塾····································51
司書······················61-63,79-81
実業図書室···························169
十進分類法·······················88,120
児童に対するサービス·····126,163-165
『師範学校教程図書館管理要項』
　·······························128-129
社会教育館·················185-186,197
写経所·································30
集書院·····························76,83
巡回文庫····························119-122
小学校付設図書館········127-128,157
彰考館文庫···························60
商務印書館·····················202-203
書屋···································35
書函·書架························84-86
書庫·····························63,86-87

書写·····························49-50
書籍館······························76,94
書籍の選択　→選書
書殿···································37
書物仲間······························70
書物の貸し借り························38
『市立図書館と其事業』········151,153-
　155,162,168
神社文庫·····························54
春秋会事件····················235-236
新聞縦覧所···························134
出納手······························81-82
菅原峻································240
図書寮·································35
青年会·································72
青年会図書館·····················171-172
青年会図書館の「村立化」···177-179
選書···························114,177-179
蔵書の家···························46-48
尊経閣文庫···························60

【た行】

大惣···································58
大日本教育会附属書籍館·····100-103,
　136-137
竹貫直人·····························164
竹内善作·········154,160-161,166,170
竹川竹斎·····························51
田島清··························231-232
蓼園社·································55
田中稲城·····80-81,94-95,102-103,200

田中不二麻呂	93-94,96
地方改良運動	108-109,114
中央図書館制度	182-183,204
千代青年会・図書館	176,208
通俗図書館	95-96,101-102,104-106,166
「通俗図書館の経営」	122-123
辻新次	101-102
坪谷善四郎	139-141
伝習館	65
［東京市立］京橋図書館	156-158
東京市立図書館	141-170
東京市立図書館の機構改革	146-147
東方図書館	202-203
同盟貸附	150-151
読書運動	217-218,239-240
読書する姿	40
図書斡旋配給事業	229
図書館員	125,132
図書館員の養成	129-131
図書館運動	118
『図書館管理法』	85-87,94,103,113-116,118,153
『図書館小識』	115-118
「図書館設立ニ関スル注意事項」	111
図書館報	151-156
図書館令	107-108
図書館令改正	→改正図書館令
図書館令施行細則	206,208

【な行】

中井正一	229
中田邦造	184-186,188,214-218,227
仲間図書館	69-70
南葵文庫	60
日記の家	37-38
日本図書館協会	115,118,201,225-230,240-241
農事会	71
乗杉嘉寿	200

【は行】

羽田八幡宮文庫	52
八戸市立図書館	70
廿日出逸暁	232-236
藩校文庫	61
「ひかり号」	233
PTA母親文庫	238-239
福沢諭吉	92-93
附帯施設論争	182-189
『米欧回覧実記』	73-74
『米国図書館事情』	123-125
『米国百年期博覧会教育報告』	93
蓬左文庫	59

【ま行】

松尾友雄	184-186,195
松本喜一	201,204,208,230-231
満鉄図書館	211-212,214
満鉄奉天図書館	212,215
南満洲鉄道株式会社	→満鉄

事項索引……265

無料化 ……………………………… 147-148
無料制の原則 ………………… 93-94,102
毛利宮彦 …………………………… 166
黙読 ………………………………… 78-79
文字使用 …………………………… 25
紅葉山文庫 ………………………… 59
もり・きよし（森清）……………………… 88
問答板 ……………………………… 82-83
文部省示諭 ………………………… 98-99

【や・ら行】
夜間開館 ……………………… 77,143-144
山口県立山口図書館 … 88-89,119-121
優良図書館 ………… 194,207-208,210
陽明文庫 …………………………… 61
読み書き …………………………… 32-34
レファレンスサービス ……………… 82-83,
　124,166-168

● 著者紹介

小川　徹（おがわ　とおる）

1933 年　京都生まれ
元法政大学（図書館職員　のち文学部教員）
現在，日本図書館文化史研究会，小金井市の図書館を考える会会員，など
【執筆担当】1～3 章，6 章，9 章 4，11 章，12 章 1(1)，13 章，年表

奥泉　和久（おくいずみ　かずひさ）

1950 年　東京生まれ
現在，横浜女子短期大学図書館職員
日本図書館文化史研究会，日本図書館研究会，日本図書館情報学会会員
【執筆担当】4～5 章，8～10 章，12 章，年表

小黒　浩司（おぐろ　こうじ）

1957 年　東京生まれ
現在，作新学院大学教員
日本図書館文化史研究会，日本図書館研究会，日本図書館情報学会等の会員
【執筆担当】7 章

視覚障害者その他活字のままではこの本を利用できない人のために，日本図書館協会及び著者に届け出る事を条件に音声訳（録音図書）及び拡大写本，電子図書（パソコンなど利用して読む図書）の製作を認めます。但し，営利を目的とする場合は除きます。

EYE LOVE EYE

◆JLA図書館実践シリーズ　4

公共図書館サービス・運動の歴史 1
そのルーツから戦後にかけて

2006年11月1日　　　初版第1刷発行 ©

定価：本体2100円（税別）

著　者：小川徹・奥泉和久・小黒浩司
発行者：社団法人　日本図書館協会
　　　　〒104-0033　東京都中央区新川1-11-14
　　　　Tel 03-3523-0811(代)　Fax 03-3523-0841
デザイン：笠井亞子
印刷所：アベイズム㈱　　Printed in Japan
JLA200628　　ISBN4-8204-0619-1
本文の用紙は中性紙を使用しています。

JLA 図書館実践シリーズ　刊行にあたって

　日本図書館協会出版委員会が「図書館員選書」を企画して20年あまりが経過した。図書館学研究の入門と図書館現場での実践の手引きとして，図書館関係者の座右の書を目指して刊行されてきた。

　しかし，新世紀を迎え数年を経た現在，本格的な情報化社会の到来をはじめとして，大きく社会が変化するとともに，図書館に求められるサービスも新たな展開を必要としている。市民の求める新たな要求に対応していくために，従来の枠に納まらない新たな理論構築と，先進的な図書館の実践成果を踏まえた，利用者と図書館員のための出版物が待たれている。

　そこで，新シリーズとして，「JLA図書館実践シリーズ」をスタートさせることとなった。図書館の発展と変化する時代に即応しつつ，図書館をより一層市民のものとしていくためのシリーズ企画であり，図書館にかかわり意欲的に研究，実践を積み重ねている人々の力が出版事業に生かされることを望みたい。

　また，新世紀の図書館学への導入の書として，一般利用者の図書館利用に資する書として，図書館員の仕事の創意や疑問に答えうる書として，図書館にかかわる内外の人々に支持されていくことを切望するものである。

2004年7月20日
日本図書館協会出版委員会
委員長　松島　茂